KB268696

에티오피아, 천 년 제국에 스며들다

4개월의 에티오피아

에티오피아, 천 년 제국에 스며들다

4개월의 에티오피아

손주형 지음

이담 Books

에 티 오 피 아

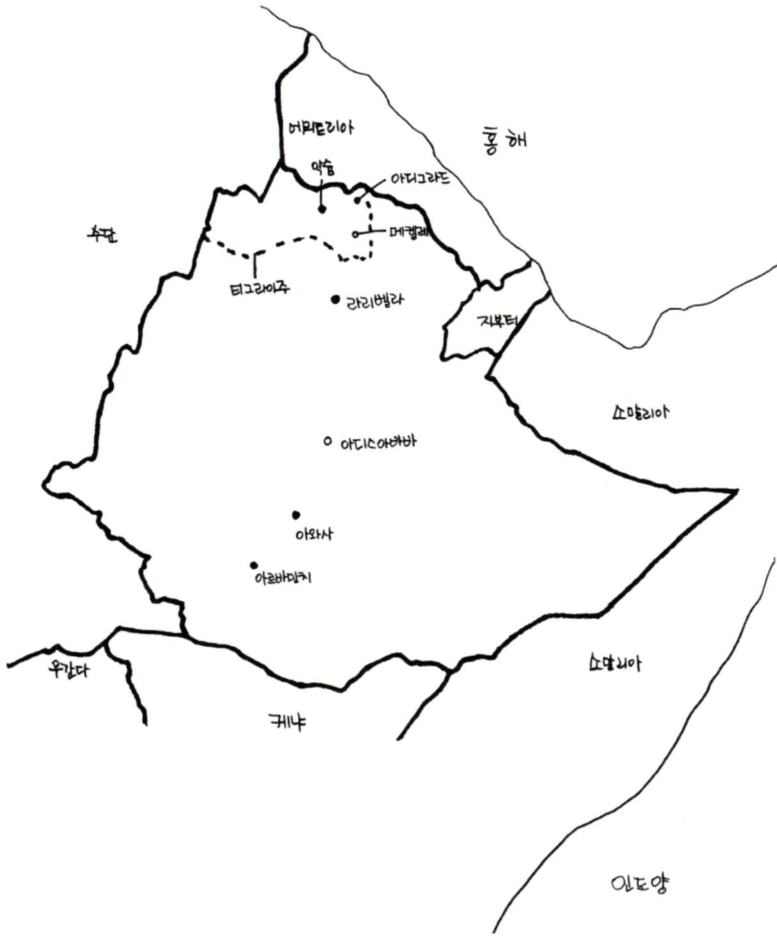

에리트리아
홍해
악숨
아디그라드
수단
메켈레
티그라이주
라리벨라
지부티
소말리아
아디스아바바
아와사
아르바민치
우간다
소말리아
케냐
인도양

에티오피아를 갔다 온 지 벌써 1년 6개월이 지났다. 그 사이에 케냐, 라오스, 콩고민주공화국, 남아프리카공화국, 가나 등 여러 나라를 갔다 왔다는 것이 달라졌다. 에티오피아에서는 식수전문가로 4개월의 시간을 보내게 되었다. 매일 새벽에 일어나 일기 형식으로 작성한 글들을 한국에서 책으로 펴내기 위해서, 오래간만에 노트북을 열었다. 이제 다시 머릿속으로 에티오피아 여행을 시작한다.

그때를 생각하면, 나에게 정말 큰 관심거리는 음식이었던 것 같다. 오늘 무슨 수프를 먹었고, 현지 음식은 어떠했는지 등, 그날그날의 아주 간단한 것에도 큰 감동을 느끼며 살았던 것 같다.

다시 한국으로 돌아와서, 그때와 비교하면, 엄청나게 훌륭한 음식을 먹게 되었는데도, 에티오피아 있을 때처럼 감동은 없다. 그저 당연한 일상이 되어 버린 것이다. 이런 적응은 누가 시키지 않아도 금방 되는 것 같다. 매일 전기가 들어오는 것에 감사하고, 수돗물이 매일 끊기지 않고 나오는 것에 감사하고, 아플 때 갈 수 있는 병원이 있는 것에 감사하고, 엄청난 인터넷 속도에 감사하고, 특히 가족들을 매일 볼 수 있다는 사실에 감사해야 하는데, 그런 마음은 한국에 돌아와 얼마 지나지 않아서 다 사라져 버렸다.

인터넷이나 라디오에서 에티오피아 이야기가 나오면 언제나 친근감이 든다. 물론 에티오피아에서 살면서 벼룩에게 물렸던 생각만 하면 에티오피아란 곳에 다시는 가고 싶지 않은 생각도 들지만, 만약 에티오피아에 다시 가라고 하면, 손을 들어서 갈 것이다. 에티오피아는 고생도 많이 했지만, 그만큼 애정이 가는 곳이다. 이 책을 만들기 위해서, 에티오피아에서 적은 글을 볼 때마다 많은 사람들의 얼굴이 스쳐 지나갔다. 운전기사, 같이 일을 했던 에티오피아 기술자, 호텔에서 나를 도와준 직원들, 바자지 운전사 등 같이 있었던 많은 사람들이 다 고맙게 느껴진다.

가족들과 떨어져 내 젊은 날의 소중한 시간을 소비해야만 했던 곳이기에, 그곳에서 흘렸던 땀이 아주 조금이라도 도움이 되어서, 에티오피아에 사는 누군가의 삶은 좀 더 행복해지기를 바란다.

오늘부터 많은 글들을 다시 만들어 갈 것이다. 내가 보았던 많은 것들이 많은 사람들에게 에티오피아를 이해하는 데 도움이 되었으면 좋겠다. 그리고 해외에서 근무를 해야 하는 많은 사람들에게 조금의

위로와 정보가 되었으면 좋겠다. 그리고 이 책은 다문화 가정에 대한 이야기로 시작되었다. 요즘의 우리는 다문화라는 이야기를 아주 흔히 들으면서 살아가고 있는데, 이 책이 아프리카 사람들을 이해하는 데 도움이 되었으면 좋겠다.

특히 나의 아내와 딸들이 아빠의 늠름한 모습까지는 아니더라도, 항상 최선을 다했던 모습을 이해해 주길 바라면서…….

마지막으로 해외든, 국내든 가족과 자신을 위해서, 혼자 멀리서 일하는 사람들에게 파이팅을 보낸다.

2010년 6월 28일
손주형

아침부터 짜증이 나기 시작했다. 캄보디아를 갔다 온 지 겨우 보름이 지났는데, 다시 에티오피아를 가야 한다. 물론 에티오피아도 캄보디아를 출발하기도 전부터 결정되어 있었지만, 파견기간이 4개월이나 된다. 4개월 동안 집과 떨어져야 한다고 생각하니, 이런저런 걱정도 되고, 아이들에게도 미안하고, 아침부터 정말 기분이 나빴다.

에티오피아로 출발하는 날, 집안 분위기는 완전히 가라앉아 있었다. 아이들을 집 근처 패밀리 레스토랑에서 점심을 먹여 학원으로 보냈다. 오후 3시가 넘어가면서 옷을 챙겨 입고, 트렁크 가방을 챙겨서 김해 공항으로 갈 콜택시를 불렀다.

해외로 나갈 때에는 식구들에게 공항에 배웅을 나오지 못하게 한다. 사람을 먼 곳으로 보내고 혼자서 집으로 돌아가야 하는 괴로움이 정말 크다는 것을 잘 알고 있기 때문이다. 그렇지만 해외에서 한국으로 돌아올 때는 아이들에게 마중을 나오라고 한다. 누군가 오는 것을 기다리고, 같이 집으로 들어가는 것은 기분 좋은 일이기 때문이다.

김해 공항에서 인천 공항까지 짐을 부치고 비행기를 탔다. 비행기 표가 김해 공항에서 출발하는 국제선이 아니기 때문에, 김해공항

에서 국내선을 타고 인천공항으로 가서, 인천 공항에서 짐을 보냈다. 4개월을 살아갈 각종 짐들이 커다란 트렁크 가방 1개, 각종 라면이 들어 있는 박스 1개, 노트북 가방, 전자제품과 책을 넣은 등에 메는 가방으로 4개인데 트렁크 가방과 라면박스는 부치고, 노트북 가방과 등에 메는 가방은 기내로 들고 들어가기로 했다. 한국에서 최대한 가지고 갈 수 있는 만큼 가지고 가야 현지에서의 생활이 편하다.

짐을 보내고, 저녁을 먹고, 필요한 것들도 사고 나니, 딸아이에게서 전화가 왔다. 딸아이의 목소리에는 벌써 울음이 섞여 있었다.

아직도 초등학교 4학년과 1학년인 딸아이에게 "아빠가 선물 많이 사 가지고 올게"라고 위로를 하지만, 항상 이런 식의 전화는 힘들다.

초등학생인 아이에게 말해 줄, 아빠가 4개월간 집을 비워야 되는 적당한 이유가 도저히 생각나지 않는다. 아이와 전화통화를 마치고, 비행기를 탈 시간을 기다렸다.

2008년 4월 7일

Contents

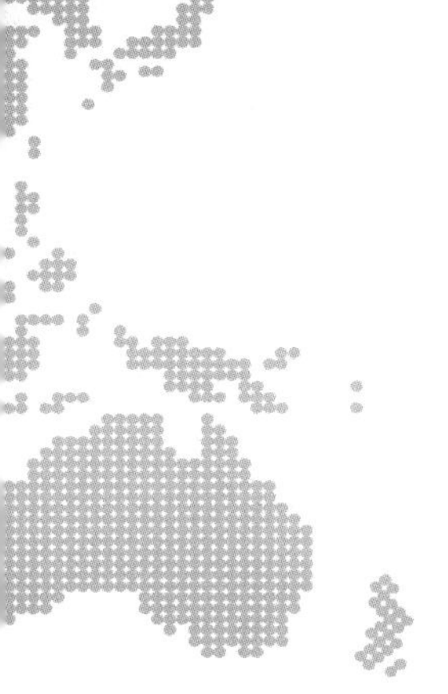

이번 나의 여정은 인천에서 아랍에미리트 두바이로 가서, 에티오피아 아디스아바바로 들어가는 노선이다. 에미리트항공을 이용해서 가는데, 인천에서 거의 저녁 12시에 출발을 한다. 두바이로 가는 비행기는 11시간 동안 타고 가야 되는데, 빈 좌석이 하나도 없다. 나는 개인적으로 좌석이 넓어서 장거리 여행이 덜 피곤한 에미리트항공을 좋아한다. 에밀레이트항공은 한꺼번에 엄청난 비행기를 사서 활발히 영업을 하고 있어 비행기 년수가 얼마 되지 않았고, 좌석도 다른 항공사에 비해서 넓은 편에 속한다.

비행기 좌석의 여유가 있는 날이면, 이코노미 클래스(일반석)에도 빈자리가 생겨서 편안하게 갈 수 있지만, 옆에 빈자리가 없는 날은 한정된 공간의 좌석에서 11시간을 타고 가는 것은 고역이다.

옆에 앉아 있는 사람은 시리아 사람인데, 인도 영화를 보고 있다. 나는 이 11시간을 비행기에서 할일 없이 보내기 위해 기내식도 먹고, 영화도 보고, 노트북도 하고, 잠도 청해 보았다. 이 비행기 내에는 노트북을 충전할 수 있는 전원 코드가 좌석에 붙어 있어서 노트북을 마음대로 이용할 수 있어서 좋다.

이제 두바이까지 5시간이 남았다. 긴 여행길에서, 에티오피아의 생활이 즐겁기를 기대한다.

인천에서 에티오피아로 가는 에미리트항공 비행기 내

　　새벽에 도착한 아랍에미리트 두바이 공항에서 나를 반기는 모습은 빈자리마다 누워서 잠을 자는 사람들의 모습이다. 공항에 워낙 많은 사람들이 많은 시간을 기다리기 때문에 장시간 기다리는 사람들은 복도바닥과 의자 뒤, 의자에 앉아서 잠을 자고 있다.

　　두바이 현지도착시간은 오전 5시 30분이고, 에티오피아로 출발할 시간은 8시 25분이기 때문에 약 3시간의 여유가 있다.

　　장시간 동안 비행기를 타면 정말 몸이 피곤하다. 그렇기 때문에 아디스아바바로 바로 가는 것보다 경유하는 공항에서 2~3시간 정도 휴식을 취하는 것이 훨씬 편하다. 비행기에서 내려 두바이 공항으로 들어가면서 보안검색을 받았다(두바이 공항은 경유하는 사람도 비행기에서 내려서 공항 터미널 내부로 들어올 때 보안검색을 받아야 한다). 4개월 동안 건강을 위해서 인천 공항 면세점에서 홍삼엑기스(액체)를 사 오려다가, 보안검색을 통과하지 못할까 봐 홍삼분말(고체)을 사 가지고 왔는데, 에티오피아로 가는 비행기는 액체류가 크게 문제가 되지 않는 것 같다. 인천 공항에서 홍삼엑기스를 사 오지 않은 것이 후회가 된다. 그래도 건강이 최고인데……

두바이 면세점은 24시간 영업을 하기 때문에 언제 도착하든 불편하지 않다. 인천 공항은 저녁 9시가 되면 대부분 면세점이 문을 닫지만, 두바이 면세점은 밤낮이 없다. 전기 콘센트를 찾아서 노트북을 충전하였다. 에티오피아행 비행기에서 노트북을 사용하려면 전원이 필요하다. 공항에서 무선인터넷을 검색해서, 한국과 화상통화로 집과 연락을 했다. 에티오피아의 인터넷 상태로는 화상통화가 불가능하다고 들어서 에티오피아에 머무는 동안에는 식구들 얼굴 보기가 힘들 것 같았기 때문이다. 두바이 공항에서 화상통화로 얼굴을 보고 이제 4개월 동안 서로의 얼굴을 보지 못한다.

두바이 면세점에 있는 슈퍼마켓에서 치약, 칫솔, 면도기 등 한국에서 챙겨오지 못한 물건들을 샀다. 약국에 가서 연고 등 다양한 약도 샀다. 한국에서 다양한 약을 처방받아서 가져왔지만, 의료시설이 좋지 않은 나라에 갈 때는 항상 불안하다. 필요 없을 것 같은 약도 그냥 샀다. 아프면 나만 손해고, 내가 원하는 약을 판매하는 약국을 찾기가 힘들기 때문에 비상약과 각종 증상의 약들은 충분히 가지고 가야 한다. 약을 사고 나니, 이제 아디스아바바로 가야 할 시간이 거의 다 되었다. 내가 가야 할 게이트는 50번 게이트로, 두바이 공항에서 가장 구석진 곳에 있었다. 아프리카 노선은 비행기가 작아서인지, 다른 게이트보다 훨씬 구석진 게이트를 이용하는 것 같았다.

비행기에 탑승하니, 이제 정말 에티오피아로 간다는 생각이 든다.

자! 에티오피아로 출발

두바이 공항 모습

두바이 공항 게이트

아디스아바바 도착

비행기가 곧 착륙한다는 방송이 나왔다. 스튜어디스들이 바쁘게 움직이기 시작했다. 헤드폰을 수거해 가고, 덮고 있던 담요를 수거해 버렸다. 비즈니스 좌석에는 담요와 헤드폰을 가지고 있는데, 이코노미는 보고 있는 영화가 있는데도 헤드폰을 빼앗아 간다. 비행기만큼 가진 자와 가지지 못한 자의 차별이 눈에 확연히 나타나는 곳도 없는 것 같다.

하늘에서 아디스아바바의 모습을 본다. 높은 건물은 없고, 전부 다 산지이나 나무가 별로 없다. 이런 모습을 보니, 이번 4개월의 기간 동안의 생활이 쉽지는 않겠다는 생각이 든다.

착륙하자마자, 비행기에서 로밍해 온 휴대폰으로 에티오피아에 도착했다는 문자를 보냈다. 문자를 보내니, 바로 한국에서 전화가 왔다. 비행기가 착륙을 마치지 않았기 때문에, 다시 전화한다고 말하고 전화를 끊었다. 현지시간 오후 12시 50분에 아디스아바바 공항에 도착하

였다.

　공항의 모습은 깔끔하였다. 하늘에서 내려다본 모습과 공항 내부의 모습은 너무나도 달라 보였다. 너무나 깔끔한 모습에 놀라면서, 입국 게이트를 통과하였다. 공항에 도착해서 비자를 받았다(일명 '도착비자' 라고 한다). 많은 국가들이 모든 나라에 자기 나라의 대사관을 운영할 수 없기 때문에, 공항에서 비자를 발급해 주는 나라들이 많이 있다. 물론 우리나라와 같이 입국 전에 출발지에서 비자를 받아야만 하는 나라도 많이 있다. 도착비자가 있는 국가는 비행장에서 비자를 받을 수 있기 때문에 시간이 많이 절약된다. 물론 해외 경험이 없거나 영어가 힘드신 분들은 직접 그 나라 입구에서 비자를 받기에는 의사소통에 어려움도 있지만, 출발하기 전에 이것저것 신경 쓸 필요가 없기 때문에 난 도착비자가 있는 나라를 좋아한다.

집으로 다시 전화를 하려고 하니, 비행기 안에서는 가능하더니 공항 내부로 들어오니 신호가 전혀 잡히지 않는다. 시내에 들어가면 좋아질 거라고 생각하며, 휴대폰의 전원을 껐다.

수화물을 찾아서 출구를 나가니, 먼저 에티오피아에서 일하고 계시는 분이 마중을 나와 있었다.

아디스아바바 시내 모습

공항을 빠져나오니, 주차장에는 탄 지 20년 이상 되어 보이는 차들로
가득 차 있다. 최신식 공항 건물에 탄 지 20년이 넘은 택시들만 주차해

아디스아바바 시내에 있는 쓰레기 매립장

있는 것이 좀 어울리지는 않았지만, 이제 에티오피아에 왔다는 생각에 심호흡을 크게 한 번 했다. 공항에서 시내로 들어가는 거리 모습은 전에 근무했던 탄자니아에 비해서 많이 낙후되어 있었다.

출·퇴근 시간이 아니라서 그런지 교통 체증은 심하지 않았다. 아프리카의 교통 체증은 정말 심각하다. 도로는 좁고, 차는 많고, 교통 체계가 갖추어져 있지 않기 때문에, 사소한 일에도 교통 체증 현상이 쉽게 나타난다.

시내로 들어가는 도로 옆에 쓰레기 매립장이 있었다. 쓰레기 매립장에서 연기가 아지랑이처럼 피어오르고 있어서 물어보니, 소각을 하고 있다고 한다. 그런데 쓰레기 매립장의 특유의 냄새가 심하지 않았다. 아디스아바바는 건조한 지방이라 냄새가 거의 나지 않는다고 한다. 원인이 무엇인지는 모르겠지만, 정말 쓰레기 처리장에서 신기할 만큼 냄새가 나지 않았다.

아디스아바바의 시내로 들어가는 길

아디스아바바의 로터리의 한 모습
(교통체계의 운영(전기, 체계)이 힘든
곳에서는 로터리가 최고의 교통 체계이다)

도착하자마자 잠이 쏟아진다. 한국 시각으로는 벌써 밤이 되었으니, 잠이 오는 것은 당연하다. 비행기를 타고 온 스트레스와 새로운 나라에 대한 불안감 등에 의해서, 아디스아바바의 호텔에 들어오자마자 긴장이 풀렸는지 비몽사몽으

저녁식사, 뷔페식이었는데,
내 입맛에 맞을 것 같은 것만 골랐다.

로 움직이고 있다. 저녁도 먹지 않고 바로 잠을 자고 싶은 심정이었지만, 마중 나온 사람과 같이 있으니 저녁을 먹고 자야만 했다. 에티오피아에 도착하기 전에는 불안감과 기대감으로 막연한 생각이 있었지만, 막상 도착하고 나면, 이제 어떻게 살아야 될 것인가라는 구체적인 생

각이 시작된다.

숙소는 아디스아바바 공항에서 약 30분 정도 떨어져 있었다. 호텔 이름은 킹스호텔이었는데, 이름처럼 왕의 호텔처럼 보이지는 않았다. 호텔에 도착하니 벨보이가 자동차 문을 열어 주고, 내 트렁크와 라면박스를 내렸다. 먹을 것이 없다는 소리를 들어서 라면 90개를 랩으로 감아서 가지고 왔다.

로비에서 마중 나온 사람과 이야기를 하면서 체크인을 기다리고 있는데, 아까 문을 열어 준 벨보이가 한국사람이냐고 물어보았다. 질문을 듣는 순간 깜짝 놀랐다. 보통 아프리카에서 한국사람이냐고 물어보는 경우는 거의 없는데, 어떻게 아냐고 물어보니, 연수생 프로그램으로 한국에 취업을 해서, 몇 년간 살았었다고 한다. 그래도 한국에서 일을 한 사람을 만나니, 한국사람은 아니지만 반가웠다. 우리가 하는 말을 듣고, 한국사람이라는 것을 파악한 것 같았다. 한국에서 일을 하면서 돈을 많이 벌었을 것 같은데, 에티오피아에 돌아와서는 일자리가 워낙 부족하니 벨보이를 하는 것 같았다. 체크인을 해야 되었기에 벨보이와는 몇 마디를 나누고 방으로 짐을 옮겼다.

아직까지 휴대폰이 로밍이 되지 않고 있다. 에티오피아에서 전화사정이 좋지 않다는 말은 들었지만, 막상 전화가 되지 않으니, 왠지 혼자서 멀리 떨어진 기분이 든다. 내일 가는 메켈레는 더 시골인데, 전화가 될지 의문이다. 가족들과 연락을 하려면 문자라도 잘 되는 지역이어야 되는데, 걱정스런 마음으로 잠자리에 든다.

내일 아침 6시 30분 비행기를 타고 메켈레로 가야 되기 때문에, 최소
한 새벽 4시 30분에는 호텔에서 출발을 해야만 한다.

에티오피아 에어라인 광고 탑

새벽에 일어나서 킹스호텔에서 찍은 주변 지역 모습
사진. 정말 푸른 색깔이 돌았다.

에티오피아 시간으로 저녁 7시쯤 잠이 들었는데, 새벽 1시에 일어났다. 한국과 7시간 차이가 나니, 한국 시각으로 아침 7시에 정확하게 일어난 것이다. 며칠 동안은 시차 적응 때문에 힘이 들 것 같다.

잠에서 깬 이유 중 하나는 시차 적응이 되지 않아서였지만, 또 다른 이유는 너무 추워서였다. 무슨 아프리카가 이렇게 추운지, 정말 뼛속까지 파고드는 추위이다.

일단 가지고 간 옷을 몇 겹 껴입었다. 비옷으로 사용하는 후드와 긴팔을 껴입고 다시 이불 속으로 들어갔다. 처음 잠을 잘 때는 반팔 옷을 입고 잠을 자서 그런지, 계속 콧물이 흘러나온다. 정말 춥다.

에티오피아에 있는 직원이 춥다는 이야기를 하면서 전기장판에 대한 이야기를 했었다. 설마 전기장판이 필요하겠느냐고 생각했었는데, 이 추위를 겪어 보니, 전기장판을 가지고 오지 않은 것이 후회가 된다. 4달 동안 추위에 떨어야 되는 것은 아닌지 걱정스럽다.

잠도 잘 오지 않아 다시 한국에 전화를 하려고 시도를 해 보았다. 역시나 되지 않는다. 휴대폰이 왜 전화가 되지 않는 것인지 답답하기만 하다.

추워서 일어나니, 콧물만 자꾸 나오고 잠을 잘 수가 없어 그냥 샤워를 하기로 했다. 한국을 떠나서 처음 하는 샤워이다. 샤워꼭지에서 녹물이 좀 나오고 물이 그렇게 따뜻하지는 않았지만, 목욕을 하고 나니 몸이 좀 풀리는 것 같다.

녹물이 나오는 샤워부스

킹스호텔 객실 내부 모습

아디스아바바 공항의 내부 게이트 모습

새벽 4시 30분에 일어나서 체크아웃을 하고, 아침 5시에 호텔을 출발해서 어제 도착했던 아디스아바바 볼레국제공항에 도착하니 5시 30분 정도가 되었다. 공항은 24시간 운영한다고 하지만, 사람들의 모습은 거의 보이지 않는다.

아프리카는 도로 사정이 좋지 않아서 항공 교통이 발달되어 있다. 에티오피아에서는 자국 내 이동은 아침과 저녁시간에 주로 하고, 아침과 저녁시간 사이의 오후시간은 인근 국가로 가는 국제선을 운영하는 것 같다. 모든 비행 일정들은 비행기를 최대한 운항할 수 있는 체계로 이루어져 있다.

공항에 들어갈 때부터 비행기표와 신분증 검사를 한다. 비행기표와 신분증이 없는 사람은 아예 출발하는 공항조차 들어갈 수 없다. 그리고 공항에 들어갈 때는 공항 건물 입구에서 보안 검색을 실시한다. 개발도상국에서는 비행기표와 여권 없이는 공항 건물 내부로 아예 들어가지 못하도록 통제하는 공항이 많이 있다.

60년 전통을 가진 에티오피아 항공이라서 그런지, 생각보다 훨씬 빨리 발권과 수화물 수속이 진행되었다. 에티오피아는 아프리카에서 아주 국력이 센 국가로, 60여 년 전에 전성기를 이루었다. 그 당시부터 항공사와 공항을 관리하였기 때문에, 인근 아프리카 국가와 달리 자체적인 공항 운영 시스템을 가지고 있는 것 같았다. 나중에 한국을 돌아갈 때 비행기표 발권과 수속이 편할 것 같아서 천만다행이라고 생각했다(탄자니아에서 공항내부로 들어가는 보안 검색을 한 시간이상 기다리다가 비행기를 놓친 적이 있다).

발권을 마치고 대합실에서 탑승을 기다렸다. 공항 안에는 첫 비행기를 기다리는 사람들이 조금 있을 뿐 크게 붐비지는 않는다. 탑승 시간인 6시 30분이 되었는데도, 비행기가 출발할 생각을 하지 않는다. 사람들은 점점 늘어나는데, 비행기에 탑승하라는 소리는 전혀 들리지 않는다. 간간이 방송이 나오기는 하지만, 영어로는 방송을 하지 않고 에티오피아어로만 나오고 있어서 뭐라고 말하는지 알 수가 없다. 이럴 때는 눈치가 필요하다. 내 근처에 앉아 있는 사람의 항공권을 곁눈질해 보니, 메켈레로 가는 사람이 있었다. 영어로 메켈레로 가는지 물어보니, 메켈레로 간다고 하였다. 왜 비행기가 늦게 출발하냐고 물으니, 모른다고 하였다. 그래도 이 사람은 현지인이니까, 에티오피아 말을 알아들을 것이니 그냥 이 사람이 움직일 때 같이 움직이기로 하였다.

8시가 다 되어서야 비행기에 탑승하라는 방송이 나왔다. 에티오피아어로는 지연 사유를 말한 것 같은데, 영어로는 아예 말을 하지 않는다. 한편으로 생각하면, 에티오피아어로도 지연 사유를 말하지 않았을 수도 있을 것 같다. 이곳 사람들에게는 '그냥 지연되면 비행기가 늦게 출발하니까 그렇지'라고 믿을 수 있는 여유가 있기 때문이다.

비행기에 올라타니 만석이다. 비행중간에 스튜디어스들이 바쁘게 움직이기 시작했다. 새벽부터 아무것도 먹지 못해서, 아침으로 주는 기내식이 매우 반가웠다. 아주 작은 캔 콜라와 샌드위치를 주었는데, 빵 속 야채에서 향신료 냄새가 났지만 배가 고팠기 때문에 무시하고 먹었다. 새벽에는 추워서 잠도 제대로 못 잤고 비행기를 타기 위해 일찍 움직여서인지, 기내식을 먹으니 잠이 쏟아졌다.

메켈레로 가는 비행기(제트기가 운행되고 있다)

아침으로 주는 기내식

메켈레에 자리를 잡다

메켈레 공항은 아디스아바바 공항과는 비교가 되지 않을 정도로 낙후되어 있다. 꼭 시골 버스 대합실 같은 느낌이 든다. 비행기 도착 후, 걸어서 공항 게이트로 이동했다. 메켈레 공항 활주로에 비행기라고는 내가 타고 온 비행기 한 대밖에 보이지 않는다.

공항에는 운전기사와 우리 회사 직원인 박 과장님이 기다리고 있었다. 박 과장님은 나보다 먼저 입사한 선배이고, 캄보디아의 프놈펜에서도 같이 있었지만, 각자 일하는 사무실이 달라서 저녁만 한번 같이 먹어본 사이였는데 에티오피아 메켈레에서 같이 일을 하게 되었다.

그래도 아는 사람의 얼굴을 보니 조금은 안심이 된다. 한국에 있을 때 에티오피아의 현지 정보를 물어보기 위해서 박 과장님에게 메일과 메신저로 열심히 필요한 것을 물어보았다. 현지에 있는 사람에게 정보를 알아보는 것이 가장 정확하기 때문이다.

악숨호텔

공항에서 차를 타고 시내로 오면서 보이는 메켈레는 허허벌판에 산들이 있는 시골마을이었다. 도시는 정말 넓게 펼쳐져 있지만, 큰 건물이 눈에 띄질 않았다. 공항에서 차로 20분 정도 가니 악숨호텔이 보였다. 내가 4개월 동안 지낼 호텔이다. 해외에 나가면 숙소로 호텔에서 살거나, 직접 집을 구해서 사는 방법이 있다. 직접 집을 구해서 사는 방법은 월세를 내면서 전기료, 수도료를 별도 관리해야 하고, 가정부와 경비를 고용해서 살아야 하기 때문에, 밥을 못 해 먹는 불편함이 있더라도

악숨호텔 – 연회장과 헬스클럽

호텔에서 지내기로 결정했다. 경제적인 면에서 보면 집을 빌려서 사는 방식은 가격이 훨씬 저렴하지만 경비원, 가정부 등 예기치 않은 일들로 인해 곤란한 상황이 종종 생길 수도 있기 때문이다. 그리고 4개월만 집을 빌려야 하기 때문에 집주인이 월세를 높게 부를 것이고, 탄자니아에서는 말을 잘 듣지 않는 경비원 때문에 고생한 경험도 있었다.

체크인을 하고 방으로 가니, 침대가 하나 있고 조그마한 텔레비전과 책상이 있었다. 방은 전등이 하나만 있어 많이 어두웠다. 작은 방 안에

침대, 옷장, 책상이 다 들어가 있어서 그렇게 넓지는 않았지만, 아디스 아바바의 킹스호텔보다는 훨씬 시설이 좋아 보였다. 이제 '여기가 내가 살아야 되는 집이구나'라는 생각이 들었다. 호텔 레스토랑에서 커피를 한 잔 마시고, 내가 4달 동안 일을 할 사무실로 출발했다. 다행히 메켈레에서 도착해서부터 휴대폰으로 통화가 가능해졌다.

우리 운전기사 아저씨는 마른 체질에 살이라곤 없다. 에티오피아에서 사회주의 정권이 무너질 때, 현재 수상이 이끄는 티그라이 부대에서 게릴라로 활동했다고 한다. 자기가 군인이었다는 것을 정말 자랑스럽게 생각하는 사람이다.

운전기사는 영어는 거의 못한다. 우리 용역단과 일을 하기 때문에 기본적인 영어만 하는데 아침인사, 점심인사 등 아마 총 10개의 영어단어를 가지고 모든 대화가 이루어진다. 슈퍼마켓에서 물건을 사고 싶을 때는 그냥 슈퍼마켓 이름만 이야기하고, 호텔에 가고 싶을 때는 호텔 이름을 이야기한다. 그러면 알아듣고 출발을 한다. 서로 말이 통하지 않기 때문에 길게 말을 할 필요가 없다.

말은 통하지 않지만, 마음이 따뜻한 사람이라는 것은 알 수 있다. 운전기사는 길을 가다가 많은 친구를 만나는데, 무슨 말로 인사를 하는지는 모르겠지만 친구에게 손짓을 하는 모습을 보면 많은 사람들과 친한 사람이라는 것을 느낄 수 있다. 그리고 항상 얼굴에서 웃음이 떠나지 않는, 좋아할 수밖에 없는 사람이다.

내가 선글라스를 하나 선물하려고 가격을 물어보니 한국 돈으로 3,000원 정도라고 했다. 하나 사라고 돈을 주니까, 가서 흥정을 하더니 너무 비싸다고 다음에 사겠다고 나에게 돈을 돌려줄 정도로 체면도 있고 착한 사람이었다.

운전기사의 사진을 찍고, 이 사진을 현상해서 주었는데 정말 좋아했다.

박 과장님이 떠나는 날

오늘은 박 과장님이 메켈레를 떠나서 아디스아바바로 가는 날이다. 메켈레에 도착해서 5일 정도 같이 있었는데 오늘 메켈레를 출발해서, 내일은 아디스아바바에서 에티오피아를 완전히 떠난다.

해외에서 파견 근무를 하다 보면, 다른 사람들이 귀국할 때가 가장 부럽다. 고생도 같이하면 서로 위안이 되는데, 혼자 남겨지면 남아 있는 이의 외로움은 몇 배가 된다. 식사 시간에 같이 밥을 먹을 수 있는 사람이 있다는 것은 정말 행복한 일이라는 것도 새삼 느끼게 된다.

어제저녁 맥주를 한 잔 하면서 환송회를 하였다. 나도 다른 해외 파견 근무를 해 보았지만, 떠나는 기쁨은 말로 표현할 수가 없다. 몇 번이고 짐을 쌌다가 풀었다가 해도 기분이 좋지만, 보내는 사람은 정반대의 심정이 된다.

박 과장님이 떠나면서, 가지고 있던 비상약품과 전기장판 등을 주고 가니, 갑자기 내 방에 물건들이 엄청나게 늘었다. 물론 박 과장님은 2개월 뒤에 다시 들어와서 근무해야 하기 때문에 물건들을 다 들고 갈 필요도 없었지만, 부러운 마음은 어쩔 수가 없다.

비행기 출발이 7시 40분이라, 아침 6시에 일어나서 차를 타고 공항으로 향했다. 공항에서 배웅을 하고, 별로 기쁘지 않은 기분으로 메켈레 시내로 돌아왔다. 당분간 아무도 없이 나 혼자서 지내야 된다는 것이 서글프게 느껴졌다. 물론 이곳에서 시간을 같이 보낼 친구를 사귀면 좋겠지만, 일을 하기 위해서 왔기 때문에 내가 만나는 사람들은 업무적으로 만나는 것이 대부분이다. 업무로 만나는 사람과 평상시에 사적으로 만나 같이 지내면서 시간을 보내는 것은 사실 좀 어렵다.

결국 혼자서 놀면서, 시간을 때우는 것에 익숙해져야 한다.

메켈레 공항

박 과장님이 타고 갈 비행기가 내려오고 있다
(나도 저 비행기를 타고 한국으로 가고 싶다).

박 과장님을 배웅하고, 호텔에 돌아가려다가 사무실에 출근하기로 했다. 호텔에 있어 보았자 할 일도 없고, 업무 파악도 해야 하기 때문이다.

아침 8시 30분경에 사무실에 도착해서 이것저것 보다가 보니, 점심 시간이 되어 버렸다. 호텔로 돌아가야겠다고 생각으로 정리하고 사무실을 나섰다.

차를 타고 갈까 생각했지만, 아침에 타고 온 차는 주말이라 돌려보내 버렸다. 처음에는 택시라도 타고 갈 생각이었는데 택시가 눈에 보이지도 않아서, 호텔까지 걸어가기로 했다. 사무실에서 호텔까지의 길도 알아 둘 겸, 시내 모습도 자세히 보고 싶었다.

시내의 모습은 내가 전에 있었던 탄자니아의 모습과는 사뭇 다르게 느껴졌다. 사람들이 빨리 움직이고, 각자 자기 일을 하기 위해서 나름 대로 열심히 살고 있는 것 같았다. 가끔씩 어린아이들이 나를 쳐다보았지만, 나를 쳐다보는 시선이 그리 많지 않아서 편안하게 걸을 수 있었다. 도로를 지나가다가 어떤 사람과 부딪쳤는데, 일단 미안하다는 말을 하고 헤어졌는데, 다시 몇백 미터쯤 후에 또 한 번 다른 사람과 부딪쳤다. 그 사람은 이상하게도 나의 손을 잡고는 악수까지 하고 갔다. 이상하다는 생각은 들었지만 별 사람이 다 있다고 생각하고 호텔로 돌아왔다.

호텔로 돌아오니, 내 현지휴대폰(에티오피아 현지에서 사용할 목적으로 가지고 간 휴대폰, 한국로밍폰과 다르다)이 없어졌다. 막막하다. 혹시 휴대폰을 땅에 떨어뜨리고 온 것은 아닐까 하고 생각했지만, 두 번이나 나와 부딪쳤던 사람이 갑자기 생각났다. 이 휴대폰은 에티오피아에 오기 전 고민하다가, 겨우 결정해서 구입한 최신형 카메라폰이었는데, 소매치기를 당한 것이다.

탄자니아, 캄보디아에서도 소매치기를 당한 적은 없었다. 물론 한국에서도 소매치기를 당한 적은 없었는데, 에티오피아에서 소매치기를 당하다니 기분이 착잡하다. 설상가상으로 오늘 아침에 박 과장님이 한국으로 귀국하기 위해서 메켈레를 떠나 버려서, 어떻게 해야 될지 답답하다. 같이 의논할 상대라도 있으면 좋으련만, 외국에서 마음을 터놓고 이야기를 할 수 있는 상대가 없다는 것이 더 답답하게 느껴졌다.

소매치기를 당한 휴대폰에는 임대를 한 에티오피아 심카드가 들어있었다. 요즘에 휴대전화회선이 부족해 심카드를 판매하지 않고 있어서 심카드를 임대했는데, 과연 심카드를 임대해 준 주인이 돈을 얼마나 요구할 것인지 벌써부터 머리가 지끈거린다.

소매치기를 당한 지 4시간 정도 지나도, 도저히 흥분이 가라앉지 않는다. 혼자서 속만 끓이고 있다. 소매치기가 강도가 아니라서 천만다행이라는 생각을 하자고 생각하지만, 잘 되지 않는다.

아디스아바바에 내려간 박 과장님과 한국휴대폰으로 통화를 하였다. 내가 휴대폰을 잃어버렸다고 이야기하고, 일단 박 과장님이 가지고 있던 현지휴대폰(한국에서는 CDMA를 사용하고, 대부분의 외국에서는 GSM 방식의 휴대폰을 사용한다)을 아디스아바바에 있는 다른 한국 사람을 통해서 받기로 했다. 휴대폰을 잃어버렸으니, 연락이 되지 않아서 더욱더 답답하다.

도착해서 맞이하는 첫 주말인데 호텔에 혼자 앉아 있으니, 토요일 오후 시간에 내가 할 수 있는 일이라곤 영어 방송(뉴스채널 2개를 빼고 나면, 채널이 한 개밖에 없다)을 보든지, 노트북에 받아 온 영화를 보든지, 잠을 자는 것밖에 없다.

기분도 나쁘고 한국 생각도 자꾸 나서, 오후 3시가 넘어서 아주 매운 라면을 한 개 먹기로 했다. 내 신세 한탄을 들어줄 사람도 없는데, 한국 라면이라도 먹으면서 기분이라도 전환해야지……

메켈레 시내 모습

거리에 있는 택시 모습

46

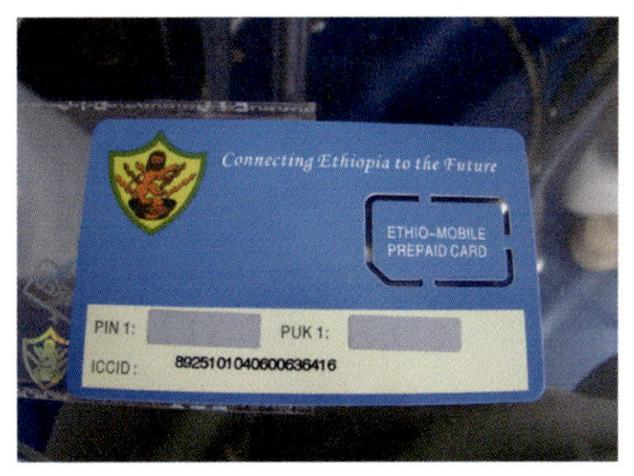

에티오피아 심카드

호텔 레스토랑에서 메켈레에 살고 있는 한국 사람과 오늘 저녁에 만나기로 했다. 메켈레에 있는 한국 사람은 현재 6명이다. 모두 무슨 일을 하는 사람인지 다 알고 있다. 오늘은 한국국제협력단의 봉사단원으로 에티오피아에 나와 있는 은철 씨와 준수 씨를 만나기로 했다. 오후 6시에 약속을 했기 때문에 같이 저녁을 먹고, 휴대폰을 소매치기당한 이야기를 하고 나니, 벌써 9시가 되어 버렸다.

저녁을 먹으면서 메켈레에서 필요한 것과 이곳에 왜 왔는지 등 다양한 이야기들을 나누었다. 해외에 나가서 사람들을 만나면 말들이 많아진다. 서로의 관심사를 이야기하고, 외국에서 발생하는 에피소드들을 애기하다 보면 시간 가는 줄 모른다.

그리고 내일은 준수 씨를 만나서 아직 남아 있는 골칫덩어리 심카드를 해결하러 가기로 했다.

호텔 앞에 있는 구멍가게

에티오피아에서 맞는 첫 일요일이다. 오늘은 소매치기당한 심카드를 해결해야 한다. 에티오피아는 워낙 휴대전화 회선이 부족하기 때문에 더 이상 신규 전화를 허가해 주지 않고 있다. 그래서 일반인들이 자기가 가지고 있는 휴대폰 심카드를 임대해 주는 장사를 한다. 임대 가격

전화 선불 스크래치 카드

은 한 달 동안 100Birr(10,000원) 정도를 받는데, 이곳의 물가를 생각해 본다면 짭짤한 장사이다. 소매치기당한 휴대폰에 있었던 심카드는 임대를 한 것이었기 때문에 임대를 해 준 사람과 협상을 해야 한다. 혹시 휴대폰 가격보다 더 비싸게 부르면 어떻게 해야 할지 걱정이 앞섰다. 심카드를 분실해서 번호가 완전히 사라져 버린다면, 앞으로 임대가 불가능하기 때문에 엄청난 액수를 요구할 것 같은데, 과연 얼마가 될지 걱정이다.

심카드 주인은 준수 씨 집 근처에서 구멍가게를 하고 있어서, 혹시 터무니없는 액수를 요구하면 내 편이 많은 것이 흥정하기 좋기 때문에 준수 씨에게 같이 가 달라고 부탁을 했다.

바자지를 타고 준수 씨 집 근처로 갔다. 드디어 주인을 만났다. 휴대폰을 소매치기당한 이야기를 하고, 임대해 준 심카드도 같이 도난당했다고 하고, 어떻게 하면 되는지 물어보았다. 의외의 대답이 주인에게서 나왔다. 심카드를 잃어버리면 전화국에 가서 심카드를 재발급받으면 된다고 한다. 벌써 전화번호는 자신에게 등록되어 있기 때문에 자기가 신분증을 가지고 가서 이천 원 정도면 심카드를 재발급해 준다고 한다. 다만 심카드는 재발급되지만, 기존에 들어 있던 심카드의 선불액수(선불카드이기 때문에 돈을 미리 넣어 둔다)는 전화국에서 돌려주지 않는다고 한다.

어제부터 가장 힘들 것이라고 생각한 것이 너무나 쉽게 풀려 버렸다. 심카드를 새로 발급할 비용을 주고 돌아왔다. 몇백 달러는 각오하고 갔는데 2달러 정도의 금액으로 해결하였으니, 돌아오는 발걸음이 매우 가벼웠다. 심카드 주인은 심카드를 재발급받으면 연락을 할 테니 다시 와서 받아 가라고 한다. 이제 다시 전화도 사용할 수 있게 되었다.

이것으로 일단 소매치기 사건은 종결되었다.

(요즘에는 에티오피아의 휴대폰 회선을 엄청나게 증설해서 휴대폰 심카드를 임대할 필요가 없다고 한다. 그냥 사서 사용하면 된다.)

메켈레 시내 풍경

세미스위트(Semi-Sweet)로 가자

갑자기 전화가 왔다. 지금 지배인과 만날 수 있다고 한다. 4개월 동안 있는데 전혀 할인을 받지 못할 것이 억울해서 호텔 프런트에 할인을 해 달라고 했더니, 할인율은 지배인이 결정하는 것이라고 이야기를 했다. 지배인을 만나겠다고 하니, 지금은 없고, 지배인이 오면 전화 연락을 해 주겠다고 하였다. 며칠 동안 전혀 연락이 없었는데, 일요일 오전에 잠을 자고 있는데 전화가 온 것이다.

옷을 입고, 지배인실이 있는 1층으로 내려갔다. 지배인은 내가 생각했던 것보다 훨씬 젊은 사람이었다. 나중에 알게 된 이야기로는 호텔주인의 둘째 아들로서, 큰아들은 아디스아바바에 있는 악숨호텔의 지배인으로, 둘째 아들은 메켈레에 있는 악숨호텔의 지배인으로 있다고 한다. 그리고 아버지는 아디스아바바와 메켈레를 왔다 갔다 한다고 한다.

지배인을 만나서, 난 한국에서 왔고, 티그라이 주 한 마을에 식수를

이사를 간 세미스위트(응접세트, 냉장고가 있다)

공급하는 일을 도와주러 왔다고 이야기했다. 그리고 지금 일반 룸에 있는데, 호텔료를 할인해 준다면, 4개월 동안 세미스위트(일반 룸보다 방이 넓고 응접세트, 냉장고가 있다) 룸에서 살겠다고 하였다. 호텔에 서는 일반 룸을 찾는 손님이 많지만, 세미스위트 룸은 많이 비어 있는 경우가 많이 있기 때문에 할인을 하더라도 장기 투숙하는 사람이 있으 면 훨씬 이익이다. 지배인이 세미스위트 룸으로 옮기면 15%를 할인해 주겠다고 한다. 나는 10% 정도를 원하고 왔는데, 15%를 할인해 준다고 하니, 바로 수락을 하였다. 그리고 불편한 일이 있으면 이야기하라고 해서 호텔에 인터넷이 되지 않아서 불편하다고 이야기하니까, 인터넷을 설치할 계획이라고 이야기는 하는데 정확한 계획은 없는 것 같았다. 인터넷이 되지 않으니, 인터넷은 호텔 외부에 있는 인터넷카페를 이용하는데, 전화선을 이용해서 연결하기 때문에 속도는 정말 느리다. 일반적인 메신저 기능도 속도가 느려서 안 되니, 한국 신문을 보거나, 다운로드받는 것은 더더욱 불가능하다. 단지 간단한 메일 체크와 회사 메신저로 한국에서 오는 연락 사항들을 체크할 뿐이다.

앞으로 인터넷을 설치할 거란 이야기는 들었지만 내가 떠나기 전까지만이라도 인터넷을 설치해 주면 다행일 것 같았다. 일단 세미스위트 룸은 15% 할인을 받았으니 방을 옮기기로 하였다.

세미스위트 룸으로 가면 책상을 넓게 사용할 수 있고, 소파에 앉아서 책을 읽는 것 등이 가능해질 것이다.

세미스위트로 출발…….

호텔에서의 아침식사

오늘 출근을 하니 사무실에 전등이 들어오지 않는다. 정전이라고 생각하니, 막상 할 일이 없다. 대부분 자료는 노트북 안에 들어 있어서, 노트북 없이는 일을 하기 어렵다. 물론 내 노트북은 대용량 배터리를 이용해서 3시간에서 4시간까지 견딜 수 있지만, 프린트는 할 수 없다. 옆 사무실에 있는 현지 직원에게 물어보니 하루 종일 정전이라고 한다. 요즘에는 비가 오지 않기 때문에 전기를 생산해야 하는 수력 댐의 물을 절약하기 위해서, 도시를 반으로 나누어 격일로 낮 동안 정전이 된다고 한다.

내일 현장에 가려고 했었는데, 정전 때문에 오늘 가기로 했다. 개발도상국에서 일을 할 때는 예상치 못한 일들로 인해서 계획이 그대로 이행되지 않는다. 갑자기 차가 고장 나거나, 주유소에 기름이 다 떨어져 기름을 확보할 수 없는 경우도 생기고, 운전기사의 무단결근 등 다양한 일들이 발생하기도 한다.

새로운 사람들을 이해하기 위해서 에티오피아 시골 마을로 간다고 생각하니, 여행을 하는 것 같은 착각이 든다. 앞으로 지겹도록 가야 될 현장인데, 지금의 기분은 정말 설레기까지 한다.

메켈레 시내에서 현장은 차로 1시간 30분 정도의 거리에 있다. 현장은 메켈레 시내보다 훨씬 높은 곳에 위치하고 있는데, 그곳까지 가기 위해서는 산을 하나 넘어가야 한다. 산을 넘어가면서 바로 휴대폰이 불통이 되었다. 항상 휴대폰이 수신되는 곳에 있고 싶지만, 현장이 멀리 있으니 어떻게 할 방법이 없다. 일을 하는 사람에게 휴대폰 통화가 가능한 곳은 안전을 보장받는 범위라고 할 수 있다. 차량 사고가 나거나, 어떤 긴급한 일이 발생될 경우 통신 수단은 아주 중요하다. 그렇지만 이곳에서는 통신의 사각지대가 있다는 것이 왠지 불안하다.

거의 1시간 이상을 포장도로로 달리다가, 이정표를 사이에 두고 비포장인 마을길로 들어가기 시작했다. 약 30분을 더 가니, 마을이 나타났다. 마을에는 일 년 내내 물이 흐르고 있는 작은 하천이 있었다. 소를 이용해서 밭을 갈고 있는 사람들이 있고, 하천 주변에는 수십 년은 되어 보이는 농사용 수로가 눈에 보였다. 하지만 이제는 수로가 제 역할을 하지 못하는 것 같았다.

마을의 현황은 내가 생각했던 것보다는 훨씬 좋아 보였다. 내 주위로 동네 꼬마 녀석들이 하나씩 몰려오기 시작해서, 십여 명의 아이들이 나를 따라다니고 있다. 내가 가는 곳마다, 내가 하는 일을 구경하러 아이들이 몰려들었다. 현장에서 지금까지 진행된 사항을 확인하고 내가 앞으로 해야 할 것을 챙긴 후, 마을을 떠났다.

생각보다는 평화롭게 보이는 마을 분위기가 편안한 느낌을 가지게
하였다.

마을에 있는 하천

이제는 사용하지 않는 것 같은 농업용 수로

소를 이용해서 밭을 갈고 있는 사람들

나를 졸졸 따라다니는 아이들(용기 있는 녀석들은 나와 같이 사진을 찍고, 다른 아이들은 도망을 갔다. 현장을 돌아다닐 때, 햇볕이 너무 따가워서 선글라스, 퍼프, 모자, 긴팔로 완전히 무장을 해서 돌아다녔다. 너무 햇빛이 강렬해서 며칠 현장을 나가면 따갑다)

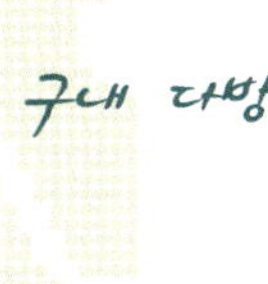

구내 다방

　우리 건물에 입주해 있는 다방 주인이 나타났다. 다방이라고 하기엔 좀 그렇지만, 몸이 아파서 영업을 중단한 지 한 달이 넘었는데, 오늘은 오래간만에 다방 주인이 출근을 했다.

　에티오피아 하면 생각나는 것이 '에티오피아 커피'인데, 커피 마니아인 내가 사무실에서 커피를 못 마시고 있었다. 일단 커피를 한 잔 시키기로 했다. 커피를 시키는 두 가지 방법이 있다. 사무실이 3층이니 직접 내려가서 커피 주문을 하든지, 창문에 머리를 내밀고 커피를 주문할 수 있다. 처음 주문하는 것이라 창문에 머리를 내미는 방식이 아닌, 1층으로 내려가서 커피를 주문하고, 커피를 만드는 과정을 사진으로 찍기로 했다.

　커피 한 잔의 가격은 1Birr(약 100원)이다. 한국의 자판기 커피와 비슷한 가격이지만, 주인이 직접 커피를 볶고 절구에 빻아서, 손이 많이 가는 에티오피아 전통 커피이다. 오래간만에 다방이 문을 여니 많은 사람들이 합판의자와 돌에 앉아서 커피와 차를 마시면서 이야기를 하고 있었다. 나도 옆에 서서 커피 만드는 과정을 보면서, 한두 마디를 하고 다시 사무실로 올라왔다.

일반적으로 각종 건물 구석에는 커피, 음료수, 생수 등을 판매하는 다방이 있다. 다방이라고 하지만 정식적으로 있기보다는 가건물로 있는 경우가 많고, 공간이 많이 남는 곳에서는 건물 안에 들어가 있는 경우도 있다.

커피 만드는 과정을 보고, 커피 배달을 시켰다. 현지 공무원들과 같이 앉아서 커피를 마시면 이것저것 물어보는데, 이방인인 나에게만 집중적으로 질문을 던지기 때문에 이런 자리가 생기면 자리를 빨리 피하게 된다. 편안하게 커피를 마시고 싶기 때문에 사무실로 커피와 차를 배달시켰다.

커피가 사무실로 배달되었다. 커피를 마시니 '에티오피아 커피'란 말을 너무 많이 들어서인지, 맛있다는 생각은 들지 않았다. 그렇지만 점점 에티오피아 특유의 커피맛에 적응을 하고 있는 것 같다. 처음에는 진한 맛과 맨 마지막의 커피 찌꺼기가 남을 때까지 마시면, 왠지 모르는 커피의 향이 입가에 남아 있다.

에티오피아는 커피의 원산지라 유명하기도 하지만, 지금 커피가 유명한 것은 완벽한 자연산이기 때문에 더 유명하다. 농약과 화학 비료를 전혀 주지 않는 그냥 자연 상태의 커피나무에서 열매를 따듯이 채취한 것이기 때문에 에티오피아 커피를 높게 평가하는 것이다.

그런데 요즘에는 유기농커피에 관심이 높아지면서, 사람들이 커피의 생산량을 높이기 위해서 농약이나 화학 비료를 주려는 사람들이 하나씩 생기고 있다는 이야기를 들었다. 만약 농약이나 화학 비료를 주면 에티오피아 커피의 명성이 사라질 텐데, 이것을 아는 사람은 별로 없다고 한다.

사무실에서 배달하여 마시는 커피가 왠지 모르게 운치가 있었다.

커피분말을 컵에 넣는다.

호리병에 커피를 넣고 물과 같이 끓인다.

호리병에 끓은 커피를 부어서 준다.

차를 마시고 나면 맨 밑에 커피 찌꺼기 쌓인다.

차의 모습인데, 생강차이다. 빨간 채 밑에 컵이 있고,
물을 가지고 와서 물을 따라서 주고, 라임 한 조각을 가져다준다.

문을 닫은 구내 다방 모습

과거로 온 타임머신

에티오피아에 온 지 거의 2주가 되어 간다. 이제 점점 이곳의 생활에도 익숙해져 간다. 에티오피아에 오기 전에는 호텔 앞에 소가 지나다니고 벌레도 많다는 여러 이야기를 들었지만, 내가 있는 호텔 앞에서는 말이 수레를 끌고, 당나귀에 물건을 올려서 운반하고 있지만, 아직까지 벌레는 거의 없다. 무엇보다도 모기를 한 마리도 보지 못해서 정말 좋다. 일단 말라리아에 대한 공포가 없다.

도로를 보면 말이 끄는 수레와 20년 이상 된 택시들이 같이 지나다닌다. 20년 이상 된 택시들은 너무나 오래되어서 도저히 제작 연도를 알아맞힐 수가 없다. 러시아제 라다란 차량부터, 내가 한 번도 보지 못했던 도요타의 차량까지 정말 오래된 차가 너무 많다.

말은 주로 수레를 운반하기 위해서 키우고 있다. 물론 오토바이로 된 화물 차량과 트럭들도 많이 있지만, 일반인들이 물건을 움직이는 주요 수단은 말을 이용한 수레가 가장 보편적이다.

당나귀에 물건을 싣고 다니는 모습도 어렵지 않게 본다. 당나귀가
언덕길에서 힘들어서 서 있으면 주인이 채찍을 때리는 모습이 더 이상
어색하지 않다.

USAID 물건(미국 원조 물자)을 싣고 마차로 운반을 한다.

마차를 타고 이동하는 사람

물을 운반하는 당나귀

어느 나라를 가든지 아이들의 모습은 내가 가장 눈여겨 보는 모습 중에 하나이다. 무슨 놀이를 하는지, 다툼은 어떻게 하는지 등을 보고 있으면 즐겁다. 탄자니아, 캄보디아, 에티오피아 등 세계 어떤 나라든지 아

길에서 놀고있는 아이들

이들은 천진난만하다. 물론 힘들게 지내고 있는 아이들도 많지만, 아이들이 노는 모습을 보면 나도 모르게 즐거운 에너지를 받는 기분이다.

사무실 창문으로 거리를 보니, 아이들이 놀고 있다. 무슨 놀이인지

모르지만, 아마 줄을 끌고 내려가는 놀이 같다. 그래도 도시에 사는 아이들은 대부분 학교를 다닌다. 내가 있는 티그라이 주(메켈레는 티그라이 주의 주도이다)는 다른 부족들과 달리 아주 높은 교육열을 가지고 있어 자식들을 열심히 교육시키고, 직장에 들어가서도 대부분의 사람들이 야간 대학을 다닌다. 복사집 점원도, 구두닦이 형제도 학교를 가고, 쉬는 시간에 책을 보는 그들의 모습을 보며, 내가 있는 이곳에 희망이 있는 것 같아 기분이 좋아진다.

메켈레의 길거리에서는 가방을 메고 학교에 가는 모습이 다른 아프리카 국가에 비해서 아주 일반적으로 보인다.

(에티오피아에서도 부족마다 성향이 너무나 많은 차이가 난다.)

가방을 메고 있는 아이들

통장을 만들자

　　에티오피아에서 어려운 일 중에 하나는 통장을 만드는 것이다. 이곳에서 통장은 은행만 가면 만들어 주는 것이 아니다. 저축과 인출만 하는 보통예금 통장을 만드는 데 공문과 보증인이 필요하다. 내가 가지고 있는 돈을 집어넣고 빼는데, 왜 보증인이 필요한지는 모르지만, 보증인과 공문이 있어야 된다고 하니, 에티오피아에 왔으니 에티오피아 법을 따를 수밖에, 다른 방법이 없다.

　　달러통장을 만들기가 쉽지 않다. 달러통장을 만들 수는 있지만, 달러통장을 만들려면 조건과 필요한 것들이 엄청나게 까다롭기 때문에, 현지화 통장만으로 만족하기로 했다. 달러가 부족한 개발도상국이기 때문에 외환 관리를 까다롭게 해서 달러통장을 잘 만들어 주지 않고, 달러를 통장에 입금하여도 자동적으로 현지화로 바꾸어져 달러를 출금하지 못하게 함으로써 외환 보유고를 높이는 것 같다.

오늘은 통장을 만들기 위해서 은행에 갔다. 은행에 들어가기 위해서는 먼저 몸수색을 받아야 한다. 그리고 가방을 수색한다. 노트북을 한 번 열어 보기도 하고, 쓸데없이 디지털카메라의 전원을 넣어 보기도 하고, 외국인이라 그런지 신기한 물건이 많아서인지 몸수색과 가방수색 시간이 길어졌다.

현지 사람들보다 많은 금액을 입금하고, 출금할 때는 몇백만 원 단위로 출금을 하기 때문에, 매니저를 찾아갔다. 같이 간 직원이 벌써 매니저를 알고 있었기 때문에, 나는 매니저에게 바로 갈 수 있었다.

매니저에게 통장 개설 요청 공문과 사진 2장을 주었다. 사진 한 장은 통장에 붙이고, 나머지 한 장은 은행 서류에 붙여서 보관한다. 여권 사본, 통장 개설 요청 공문, 연대 보증인 한 명이 있으면 통장을 만드는 절차가 끝이 난다. 통장을 만드는 데 약 한 시간이 걸렸다.

통장은 입출금 내역을 손으로 적어 준다. 옛날 초등학교 때 은행에서 통장에 손으로 적는 것과 비슷했다. 통장을 만들고 입금하는데, 매니저 앞자리에서 했는데도 두 시간이 훨씬 지나가 버렸다.

오늘 간 은행은 'Commercial bank of Ethiopia'로서 에티오피아 상업은행이라고 할 수 있는데, 국영 은행으로서 파산할 위험이 없다. 에티오피아에는 국영 은행 이외에도 사설 은행도 많이 있다. 사설 은행은 이자는 많이 주고 대출을 잘 해 줄지는 모르지만, 파산이 되었을 때 원금을 확보할 수 없어서 해외용역을 하러 온 사람에게는 안전한 국영 은행이 최고이다.

은행 안은 사진을 찍을 수가 없어서 그냥 나올 수밖에 없었다.

내 통장 모습

통장의 기록하는 곳

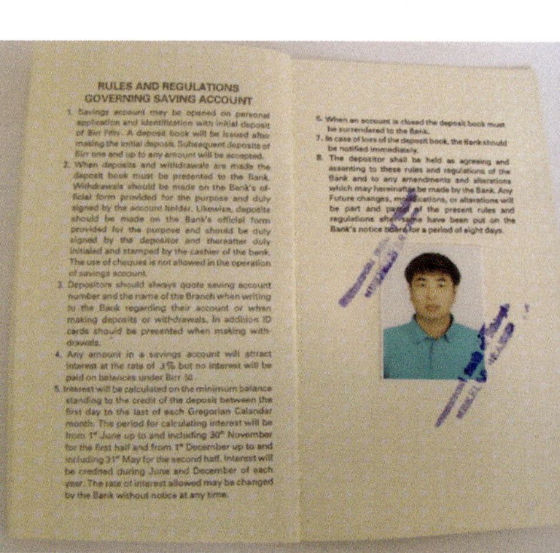

통장 앞면

통장 뒷면

즉석 복권

은행 앞에서 즉석복권을 샀다. 한국에서는 복권을 사지 않지만, 해외에 나오면 가끔씩 재미로 복권을 한 번씩 사 본다. 아주 가끔은 주변에 있는 사람들에게 한 장씩 나누어 주기도 한다. 운전기사에게도 한 장을 주어서 인생을 역전하라고 하고, 옆 사무실 직원에게도 한 장을 주었다. 복권은 한 장에 1Birr를 하였다. 똑같은 모양이 3개가 나오면 당첨이 되는 것이다.

최고 당첨 금액은 25,000Birr로, 한국 돈 250만 원 정도가 된다. 내가 산 복권 한 장이 당첨되었다. 물론 걸린 액수는 복권 금액과 똑같은 1Birr였다.

1등을 해 보았자 250만 원이면 노트북을 한 대 살 정도의 금액이니,

복권에 당첨되어도 별로 할 것이 없다는 생각이 들었다. 에티오피아에서 살기에는 내 욕심이 너무 큰 것일까?

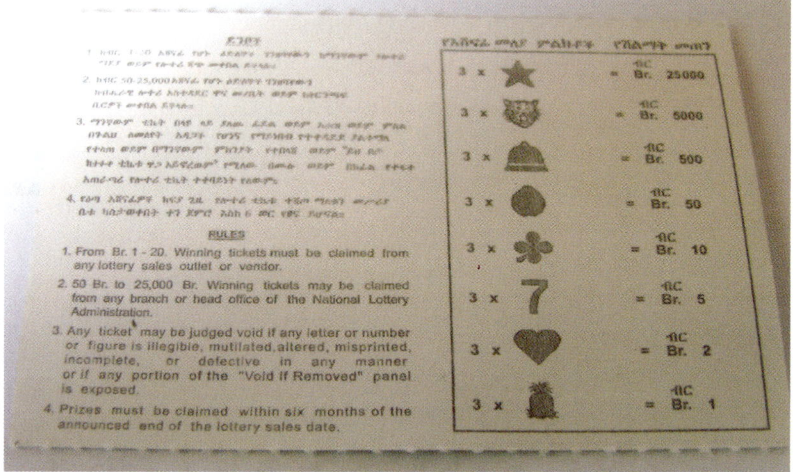

즉석복권 뒷면

두 번째 맞는 토요일

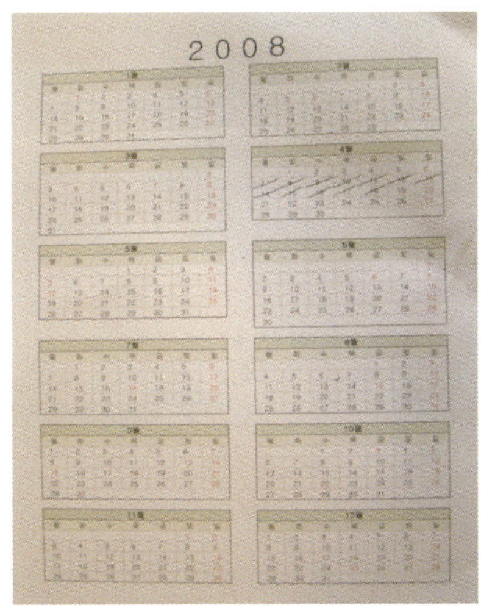

에티오피아에서 맞이하는 두 번째 토요일이다. 사람은 정말 간사한 것 같다. 일주일 전만 하더라도, 박 과장님이 떠나고 소매치기를 당해서 정말 괴로웠지만, 일주일 동안 현장도 갔다 오고, 통장도 만들고, 시내를 돌아다니다 보니, 이제 점점 적응이 되는 것 같다.

군대에서 제대를 앞두고 달력에 하루하루를 체크하는 것과 같이 매일 날짜가 가는 것을 손꼽아 기다리고 있다. 아마 내가 4개월 동안 여행을 왔다면 날짜 가는 것을 체크하지는 않겠지만, 일을 하러 왔기 때문에 매일 지나가는 날짜를 체크하는 것 같다. 달력에 한 줄을 그을 때마다 오늘도 무사히 하루가 지나갔다는 사실에 감사한다.

아침에 일어나자마자 한국에서 걸려 온 전화로 아이들과 통화를 하고, 아침을 먹었다. 이번 주말에는 호텔에서 누워서 가만히 쉴 예정이다.

밖에 나가서 박물관에도 갈 수 있고, 여러 곳을 돌아다닐 수도 있지만, 별로 나가고 싶지 않다. 차도 없고, 혼자서 돌아다녀봤자 별로 재미도 없을 것 같다. 다음 주말에는 악슘호텔에 있는 여행사에 가서, 외국인들이 돌아다닐 만한 주말여행 코스가 있으면 다닐까 싶다. 물론 여행을 하지 않을 확률이 더 높다는 것은 알지만, 이번 주말보다 다음 주말이 더 즐거울 것이라는 희망을 가지는 것이 좋을 것 같다.

악슘호텔 정원에 놀고 있는 육지거북

20년 된 택시 타기

아침 6시 30분에 오기로 한 바자지(3륜 택시)가 오지 않는다. 아침에 일찍 출근을 하려고 바자지와 예약을 했는데, 어제는 제시간에 잘 왔는데, 오늘은 시간이 넘었는데도 나타나지 않는다. 전화를 했지만 받지도 않는다. 매일매일 잘 올 것이라고 믿은 것은 아니지만 하루 만에 바로 약속을 펑크 낼 줄은 몰랐다. 바자지 기사도 아침 6시 30분에 호텔에 오는 것이 쉽지는 않은 것 같다. 밤늦게까지 일을 하면서 아침 일찍 손님을 태운다는 것이 어려운 일이겠지만, 매번 바자지를 탈 때마다 요금을 흥정하는 것이 싫어서 단골 바자지를 두려고 한 것인데, 쉽지만은 않은 것 같다.

10분 정도 기다리다가 바자지가 많이 있는 곳으로 걸어가기로 했다. 시내 쪽으로 걸어가고 있는데, 택시 하나가 내 옆에 멈춰 섰다. 나를 태우고 싶은 모양이다. 택시는 비싸다는 말만 듣고 한 번도 타 보지는 않았는데, 한번 흥정을 해 보기로 했다. 내가 근무하는 사무실은 도저히 설명할 수가 없어서 사무실과 가까운 곳에 있는 '도시수도공급소(Town Water Supply)'를 말하면서 20Birr(2,000원)을 이야기하니까, 30Birr(3,000원)을 달라고 한다. 흥정을 하다가 택시기사와 25Birr(2,500원)에 사무실까지 가기로 했다.

택시를 한 번 타 보고 싶었지만, 가격 흥정과 바가지요금 때문에 엄두를 못 내고 있었는데, 바자지 기사 덕분에 택시를 타게 되었으니, 바자지 기사에게 감사를 해야겠다.

택시의 내부 모습은 20년은 훨씬 넘은 것 같았다. 택시기사는 자기가 몰고 다니는 도요타 차량을 좋아한다고 하였다. 20년이 훨씬 지난 택시이니 사이드 미러는 목이 꺾여 버렸다. 계기판에 있는 계기들은 작동하는 것보다 작동하지 않는 것이 더 많은 것 같았다. 당연히 창문은 잘 움직이질 않았는데, 내가 작동을 하다가 고장이 나면 차를 고쳐 주어야 될 것 같아서, 창문을 열고 싶었지만 그냥 포기했다. 시트의 색깔이 새 차였을 때는 지금과 완전히 달랐을 것 같다. 시트가 퇴색되어서 도저히 처음 색깔을 추측하기도 힘들었다. 차는 오래되었지만, 그래도 열심히 청소를 해서 아주 오랜 기간 동안 잘 이용하는 것 같았다.

택시를 보면 한 나라의 경제를 알 수 있다. 각종 택시들이 20년이 지난 차들만 있고, 새로운 차(보통 7년 정도 된 중고차들을 많이 수입하기 때문에 7년 된 차는 이곳의 새 차라고 생각한다)들은 전혀 없었다. 20년 동안 전혀 경제가 발전되지 않았다는 것을 알 수 있다.

20년 동안 경제가 좋아지지 않고, 내전과 전쟁 등으로 제자리걸음만 하고 있는 것이 에티오피아의 현실이다. 이제 내전도 끝이 났으니, 옛날의 찬란한 경제를 재건할 수 있으면 좋으련만……

내가 오늘 탄 택시 모습

택시 뒷모습

러시아제 라다 택시(20년은 훨씬 넘었다)

택시 계기판 모습

뒷좌석 시트

목이 날아가 버린 사이드 미러

점심을 먹고, 사무실에 들어가
다가 시내에 있는 주스바에 들리
기로 했다. 주스바는 번화가의 뒤
쪽 골목에 있었다. 2층에 있는 주
스바를 알려 주는 것은 네온사인
하나밖에 없었다. 일단 주스바 앞
에 내려서 계단을 올라갔다.

주스바는 일종의 커피숍이라고 보면 되는데, 과일주스와 과일후르
츠를 주로 팔고, 이곳에서도 커피를 마실 수 있다. 메켈레 사람들은 이
곳에서 친구들을 만나고, 서로 이야기도 하는 것 같았다.

주스바에 같이 간 일행들은 후르츠칵테일(8Birr)을, 난 파인애플주스
(5Birr)를 마셨다. 어느 지방에서 온 파인애플인지 모르지만 맛이 달지

는 않았다. 다른 사람들은 후르츠칵테일을 맛있게 먹는 것 같았다. 보기에도 그럴듯하게 나온 것이, 사진을 찍어도 훨씬 맛있어 보였다.

주스바 내부는 각종 조화로 장식되어 있고, 투명한 아크릴로 만든 탁자와 의자들이 나름대로 멋을 낸 분위기였다. 메켈레에서는 꽃들이 대부분 조화로 이루어져 있다. 아프리카 사람들이 꽃을 좋아하지만, 화훼산업이 발달하지 않았고 교통이 불편하여 유통이 잘 되지 않아서, 중국에서 만들어진 조화가 식당과 각종 장소에 오랫동안 먼지가 쌓이도록 자리를 잡고 있다.

처음 들어갔을 때는 손님이 많이 있었으나 점점 손님이 줄어드니, 종업원들이 자기들끼리 이야기를 한다. 주스바 중간에는 에티오피아 커피를 끓이고 있다. 숯 화로에서는 전통적인 향인 송진을 태운다. 송진을 태우는 냄새가 이제는 점점 익숙해진다. 처음에는 커피가 공짜인지 몰랐는데 나중에 일어서려고 하니까 커피가 공짜라는 이야기를 해주었지만 출발을 하려고 일어났기 때문에 그냥 주스바를 나왔다.

호텔과 같이 일상적으로 먹는 레스토랑이 아닌 다른 곳에서 음식을 먹을 때는 항상 불안하다. 현지인들은 세균이나 박테리아에 지속적으로 노출되기 때문에 내성이 생겨서 별문제가 없지만, 나 같은 이방인은 현지에 많은 세균이나 박테리아에 대한 내성이 없어서, 새로운 세균과 박테리아가 나타나면 바로 고생을 한다. 그렇기 때문에 오늘 먹은 것이 탈이 없기를 바라면서 주스바를 나왔다.

주스바 입구

파인애플주스와 후르츠칵테일

주스바 실내 모습

메켈레 거리의 모습

나도 점점 메켈레 시민이 되어 가는 것 같다. 시내를 걸어 다니면, 메켈레에 있는 외국인들은 대부분 알 수 있다. 저 사람은 오래전부터 있었던 사람이고, 저 사람은 새로운 외국인이라는 것을 알 수 있다. 워낙 좁은 도시이기 때문에 외국인들이 주로 이용하는 길은 한정되어 있다. 아마 메켈레의 현지인들은 나를 더 잘 알아볼 것이다. 우리는 현지인들의 모습이 너무 비슷하고 사람이 많아서 기억하기가 어렵지만, 몇 명 되지 않는 외국인은 기억하기 쉽기 때문이다.

에티오피아 사람들이 사진 찍히는 것을 싫어한다는 이야기를 많이 듣고 와서, 항상 사진을 찍을 때는 물어보거나, 가급적 사람이 없을 때 사진을 찍지만, 어떻게 보면 사진 찍는 것을 싫어하는 것 같지는 않다는 생각이 들 때가 더 많다. 사진기를 가지고 사람들을 만나면 오히려 상대방이 먼저 사진을 찍자고 하기도 하니 말이다.

　며칠 동안 계속해서 6시 30분에 일어나, 걸어서 사무실에 출근을 하고 있다. 사무실까지는 약 40분 정도 걸리는데, 아침에 운동도 하고 세상 사는 모습을 보는 즐거움도 있다. 몇몇 학교를 지나서 메켈레의 가장 큰 로터리를 지나고, 이곳에서 가장 큰 상점 3개까지 지나고 나면 본격적인 비포장도로가 나온다.

　메켈레의 거리는 정말 깨끗하다. 다른 아프리카 도시에 비하면, 완벽에 가깝다. 아침에 파란색 옷을 입은 환경미화원들이 열심히 청소를 하고 있다. 청소를 하는 것도 중요하지만, 사람들이 쓰레기를 버리지 않기 때문에 깨끗한 것 같다. 티그라이 주 재정으로 환경미화원을 고용해서 청소를 시키는 것은 아주 발달된 시스템의 하나로 볼 수 있다. 아직까지도 많은 개발도상국 중에는 환경미화원제도가 없는 나라도 많이 있다.

　시내의 비포장도로도 잘 관리되고 있다. 시내의 중심가를 제외하고는 비포장도로가 주를 이루고 있지만, 이 비포장도로에도 항상 수시로 보수를 하고 있는 사람들이 있다. 잘 관리된 비포장도로는 품질이 떨어지는 포장도로보다 훨씬 승차감이 좋고 속도가 빨리 난다. 이런 것들을 보면 시스템은 잘 짜여 있다는 것을 알 수 있다.

　처음에는 내가 근무해야 되는 곳이 에티오피아 수도(아디스아바바)에서 너무 많이 떨어져 걱정을 하였다. 하지만 지금은 생활환경이나 편의시설은 많이 부족하지만, 깨끗한 도시를 유지하고 있어 메켈레도 괜찮은 곳 같다. 도시 중심지의 규모가 작아 생활하기 편하고 경제적이다. 한국식당이나 중국식당이 하나도 없는 불편한 점이 있지만, 남아있는 기간 동안 좋은 점만 생각하면서 살아야겠다.

아침의 호텔앞 도로

도로의 모습

메인도로 모습

사무실 앞 비포장도로

메켈레 주민들이 살고 있는 블록의 모습

바자지(Bajaji)

오늘 아침에 바자지 운전사가 나타났다. 아침에 매일 오라고 했지만, 안 오는 날이 오는 날보다 더 많다. 내가 아침에 걸어서 출근하느냐 바자지를 타고 출근하느냐는 나의 의지가 아니라 바자지 운전사의 기상 시간에 따라 결정되고 있다.

메켈레의 가장 일반적인 교통 수단은 바자지이다. 메켈레 주요 도로를 운행하는 것이 바자지이기 때문에 쉽게 탈 수 있다. 바자지는 인도에서 들어왔는데, 인도에서 생산하는 회사 이름이 '바자지(Bajaji)'이기 때문에 이런 형태의 차를 모두 바자지라고 부른다. 그리고 이 바자지는 제조사에 따라서 몇 가지 형태가 있다. 가장 큰 차이를 보이는 것은 앞에 운전석만 있느냐, 아니면 자동차처럼 운전석과 조수석이 있느냐이다. 어제 오후에 탄 것은 앞좌석에 운전석과 조수석이 모두 있는 것으로 차와 비슷한 구조이고, 변속기어까지 있었다. 뒷좌석에는 최대 3

명까지 탈 수 있는데, 바자지 자
체가 작아서 좁은 길에 운행하기
편하다. 운행 형태는 시내를 돌
아다니면서 버스노선과 같이 다
니기도 하고, 갑자기 손님이 타
면 택시로 변형되어서 움직이기
도 한다. 상황에 따라서 버스가
되었다가 택시가 되어 버린다.
버스 형태로 다닐 때는 1Birr(100

원) 정도의 금액을 받는다. 지금 택시인지 버스노선으로 달리는지 아무
런 표시가 없어도 바자지 운전사가 알아서 정차하고 출발하기 때문에,
그냥 서 있으면 바자지가 택시로 운행하기 위해서 내 앞에 선다.

바자지의 뒷좌석에 탈 때는 문이 작기 때문에 머리를 꼭 숙여야만
하는데, 잊어버리고 머리를 몇 번 부딪쳤다. 승차감 같은 것은 포기해
야 하지만, 짧은 거리를 싸게 빨리 갈 수 있다는 사실에 만족해야 한다.

사무실로 가기 위해서는 7Birr로 흥정을 한다. 외국인이라 스킨택스
(Skin Tax: 일종의 은어로 피부색깔이 다른 외국인이 물건을 살 때 피부
색이 같은 자국민보다 더 비싸게 가격이 책정된다는 것에서 나온 말)
가 포함되어 있다. 외국인은 돈이 많다는 생각이 깔려 있어, 물건을 비
싸게 팔아도 문제가 되지 않는다고 생각한다.

최근에 중국과 인도에서 들어온 새 바자지 가격이 약 150만 원에서

300만 원 정도 한다고 한다. 오토바이와 비슷한 바자지를 'Female Bajaji(여성 바자지)'라고 하고, 자동차 핸들이 달려 있고 기어박스와 소형 차량용 타이어를 사용하는 것을 'Male Bajaji(남성 바자지)'라고 한다.

비가 내리고, 고산 지역과 같이 기온이 낮은 곳에서는 바람이 차단되는 바자지가 많이 운행되는 것 같다. 바자지는 오토바이 엔진으로 만들어져 있어서, 고속 주행이 불가능하기에 도시 교통 체증 문제를 유발시킬 수도 있지만, 메켈레에서는 차량들이 많지 않기 때문에 별 문제가 되지 않는 것 같았다.

내가 본 가장 멋진 바자지는 에티오피아 남부지방에서 본 오픈카 바자지이다. 일반 바자지를 개조한 것 같은데, 정말 멋지게 만들어져서 사진을 찍었다. 물론 오픈카 바자지는 날씨가 춥고 갑자기 많은 비가 오는 에티오피아 북부지방에서는 사용하기 어렵다.

바자지 중에서 Male Bajaji(남성 바자지)라고 불리는 바자지

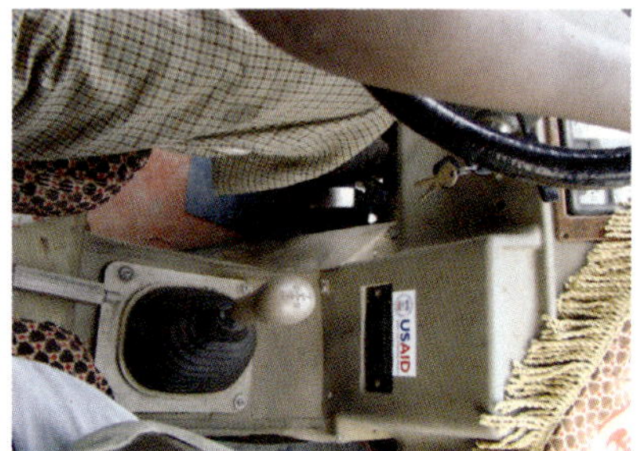

자동차 핸들이 있고, 기어 박스가 있다.

바자지 뒷좌석
(벼룩이 안 나오면 다행이다)

여성 바자지
(바자지 회사에서 만든 것이다.
남성 바자지보다는 조금 작다)

오토바이 핸들을 사용한다.

오픈카 바자지(내가 본 바자지 중 가장 멋진 바자지였다)

네 달 동안 있으면서, 사무실은 티그라이 주 수자원청에 있는 사무실 한 곳을 사용하고 있다. 수자원청 본관은 차로 10분 정도 떨어진 곳에 위치해 있고, 우리 사무실은 별관에 있다. 사무실은 3층의 맨 왼쪽 창문이 있는 방을 사용하였다.

계단을 이용해서 3층까지 올라가는데, 계단은 대리석으로 되어 있다. 티그라이 주는 대리석과 각종 석재들이 풍부하기 때문에, 고급스러운 대리석으로 계단을 만들어 놓았다. 그렇지만 대리석을 잘 가공하지 않았기 때문에, 계단 높이가 일정하지 않다. 무심코 걷다가 보면, 갑자

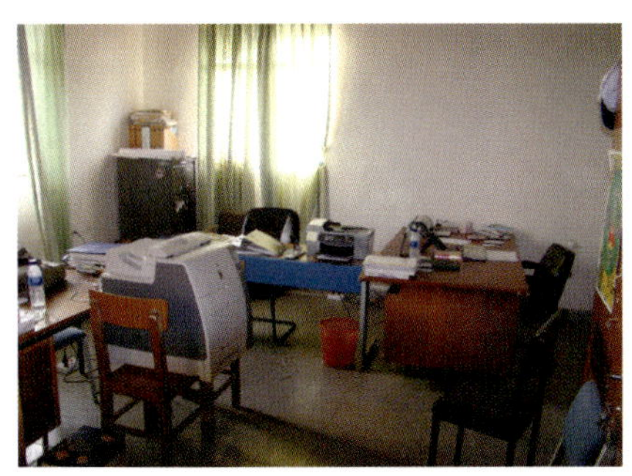

사무실 내부 모습

기 높이가 달라져서, 깜짝 놀란 적도 몇 번 있다. 넘어질 뻔한 경우를 당하고 나면 계단을 잘 보고 다녀야겠다고 생각하지만, 다른 생각을 하고 걸을 때는 잊어버리고 또 깜짝 놀라고 만다.

사무실에는 별도의 화장실 겸 샤워 시설이 있다. 물이 나오지 않기 때문에, 샤워는 불가능하고, 화장실도 물이 나오지 않아서 항상 물통에 별도의 물이 준비되어 있다. 건물에는 각 층마다 4~5개의 사무실이 있고, 대부분 2~3명의 사람들이 일을 하고 있다. 그렇지만 사무실에 있는 사람은 몇 명 되지 않는다. 교통편이 좋지 않아, 한 번 현장에 나가면 몇 달씩 출장을 가기 때문에, 전체 인원의 25% 정도만 건물에 남아 있다. 한국이라면 하루에 갔다 왔다 하는데, 에티오피아에서는 목적지까지 가는 데 하루가 걸리고, 그곳에서 업무를 보는 데 하루가 걸리고, 다시 돌아오는 데 하루가 걸리기 때문에, 한국보다 3~4배로 일하는 속도가 느려진다.

우리 건물에는 발전기가 아직까지 설치되어 있지 않아, 정전만 되면 모든 사람들이 사라진다. 대부분의 자료들이 컴퓨터에 많이 저장되어 있어, 정전이 되면 일을 하는 데 지장이 많기 때문이다. 앉아 있어 보았자 할 일이 없기 때문에 다른 일을 하는 것 같다. 정전이 되어서도 앉아서 일하고 있는 사무실은 거의 우리 사무실밖에 없는 것 같다. 아직까지 에티오피아에서는 빨리빨리 일을 처리해야 될 필요가 없는 것 같다. 다른 곳에서 인프라적인 문제(교통, 통신, 전력, 수도) 등으로 천천히 움직이기 때문에 그냥 에티오피아에서 진행되는 일은 천천히 해도 크게 문제가 되지 않는다. 우리와 같이 한국에서 생활하던 사람은 생활에 대한 여유가 없는 것 같다.

건물은 유리창 틈 사이로 비가 들어오기도 하고, 전화 콘센트가 그냥 빠지기도 하지만, 같은 건물에 웃음이 가득한 사람들이 있어 행복한 마음으로 지내고 있다.

단 하나, 발전기만 있으면 좋으련만…….

사무실 건물 모습 3층 오른쪽 끝이 우리 사무실

사무실 계단

사무실에 붙어 있는 화장실 겸 욕실

다른 사무실(점심시간이라 사람이 없다)

아침부터 '죽'이 정말 먹고 싶다. 며칠 전부터 몸이 좋지 않았는데, 기어이 어제는 탈이 나고 말았다. 밤새도록 배가 아프고, 머리도 아프고, 몸살 감기인 것 같다. 몸이 좋지 않은 상태라서, 몸 상태가 좋지 않고 어제저녁에 먹었던 샐러드가 탈이 날까 걱정이 되어서, 정로환을 먹고 잤다. 아직까

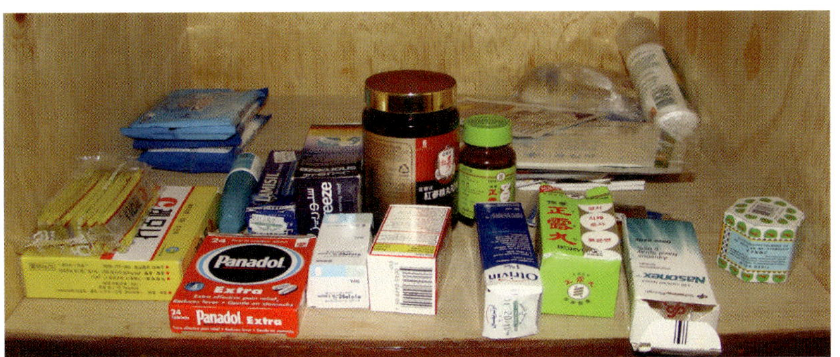

내가 가지고 있는 약들

지 음식 때문에 탈이 난 적은 없었는데, 혹시나 하고 먹은 정로환까지 문제를 일으켰는지 배가 아파서 밤새도록 잠을 잘 수가 없었다.

밤새도록 전기요에 누워서 꼼짝할 수 없어서, 완전히 침대에 몸이 붙어 있는 것처럼 있었다. 정말 이러다가 비행기를 타고 아디스아바바에 있는 MCM병원(한국 명성교회에서 만든 에티오피아에서 가장 큰 병원)에 가야 되지 않을까란 생각까지 들었다.

이때까지 계속된 해외 생활에서 오늘같이 꼼짝 못해 본 적은 없었는데, 나도 이런 경우를 당할 때가 있다는 생각이 들었다. 아침으로 '죽'을 먹었으면 좋겠는데, 내가 죽을 만들어 먹을 방법도 없고, 호텔에서 죽을 쑤어 줄 리도 없을 것 같다. 이럴 줄 알았으면, 햇반이라도 가지고 와서 물에 끓여서 죽을 해 먹을걸 생각이 든다.

'죽'을 생각하니, 갑자기 한국 음식이 먹고 싶다. 김치찌개도 먹고 싶고, 흰죽에 잘게 자른 김을 넣어서, 간장에 찍어 먹고 싶다. 아직까지 한국을 떠나서 이곳에 와서 한 번도 김치나 김치찌개를 먹어 보지 못했다. 오늘 아침에는 아무것도 먹기 싫었지만, 몸이 더 나빠지면 안 될 것 같아서, 억지로라도 무엇인가를 먹어야겠다고 생각했다.

몸이 좋지 않으니, 집 생각이 간절하다. 집에 있을 때는 따뜻한 집에서 아내가 쑤어 주는 '죽'을 먹을 수 있다는 것이 행복이란 것을 모르고 살았던 것 같다. 집에서는 아프다는 엄살을 들어줄 사람이라도 있는데, 이곳은 아무도 없다. 오히려 아무도 없다는 것이 더 답답한 것 같다. 집에 있었다면, 아내와 아이들에게 엄살을 부리기도 하고, 아프다고 안아 달라고도 할 텐데 해외에서 아프면 나만 서럽다. 오늘은 꼼짝하지 않고, 호텔에 있어야겠다.

아! 죽 먹고 싶어

(나중에 알았지만, 식당 메뉴에 'Porridge(포리지)'라는 메뉴가 있었다. 아플 기회가 없어서 죽이란 영어 단어를 모르고 있었다.)

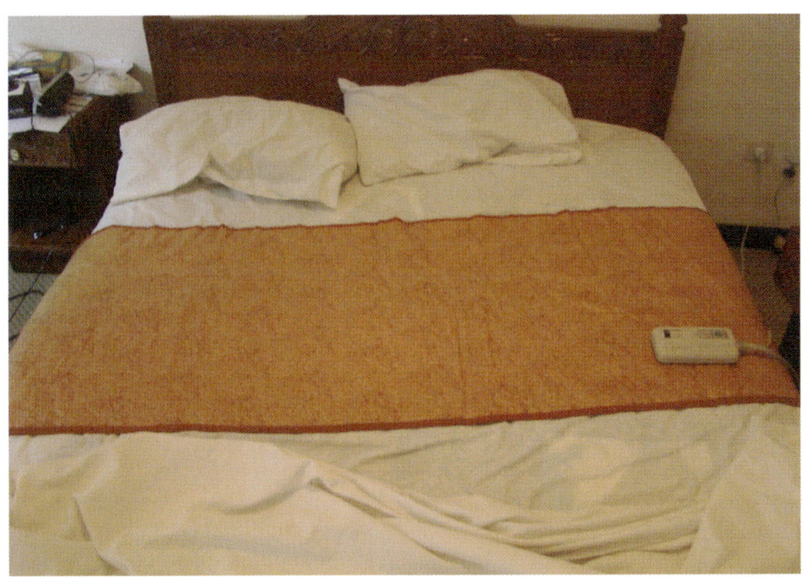
아프리카이지만 이곳은 고도가 높아서 전기장판이 필요하다. 밤에는 정말 춥다.

아침과 점심을 그냥 먹지 않고, 전기장판에 온도를 높여서 계속 침대에 누워만 있었다. 오후 4시가 되어 가니, 배가 정말 고프고 계속 이렇게 먹지 않으면 몸이 더 나빠질 것 같아서, 룸서비스를 시키기로 했다. 호텔에 들어온 지 20일이 되어 가지만 한 번도 룸서비스를 시켜 본 적은 없었다. 내 방이 4층에 있는데, 도저히 1층까지 내려갔다가 올라올 자신이 없어서, 메뉴판을 찾았다. 메뉴에서 가장 환자식으로 먹을 만한 것을 찾으니, 감자수프가 있었다. 양송이수프나 옥수수수프가 있으면 좋겠지만, 악슘호텔에는 그런 수프는 없는 것 같다. 그리고 빵보다는 현지식인 인젤라(테프라는 곡식으로 만들고 발효된 음식)가 소화가 잘 될 것 같아서 인젤라와 마끼아또커피까지 시켰다. 전화로 주문한 지 약 20분쯤 지나니, 음식이 방으로 배달되었다. 음식을 가지고 온 직원에게 팁을 주고, 음식을 테이블에 차렸다. 계산서를 보니 감자수프 11Birr, 마끼아또 2Birr, 인젤라는 기본으로 나와서 부가세(15%)와 봉사료 10%를 포함하여도 20Birr(2,000원)이 되지 않는다는 사실이 더 놀랍기도 하다.

수프에 인젤라를 찢어 넣어서 말아 먹으니, 그래도 살 것 같다. 마끼아또커피는 신체적 건강에 전혀 도움이 되지 않지만, 정신적 즐거움을 위해서 그냥 한 잔 마시기로 했다.

좀 먹고 나니 살 만하다. 또 잠이나 자야겠다.

내일은 좀 나아졌으면 좋겠다.

마끼아또 커피, 감자수프, 인젤라

일상생활에서 사용하는 것 중에서 세균이 가장 많이 사는 곳은 돈이라고 한다. 워낙 많은 사람들을 거치기 때문에 돈에는 많은 세균들이 서식한다고 한다.

에티오피아는 Birr(비르)라는 단위를 사용한다. 1Birr, 5Birr, 10Birr, 50Birr, 100Birr가 있다. 100원, 500원, 1,000원, 5,000원, 10,000원이라는 우리와 비슷한 화폐단위가 있다. 대부분 돈은 1Birr를 중심으로 유통이 되고, 팁을 줄 때도 1Birr 지폐를 주로 사용한다. 물론 동전들도 있지만, 나는 잘 사용하지 않는다. 무겁기도 하지만, 외국인이 주로 다니는 곳에서는 동전을 별로 사용할 일이 없다. 1Birr로 마지막 단위가 끝이 나고, 세금을 따로 계산하는 곳에서만 동전이 필요할 정도이다. 물론 구걸하는 사람에게 돈을 줄 때와 주차장에 갈 때는 동전이 필요하다. 동전이 생기면 차 보관통에 넣어 두어서 주차장에서 주로 사용하도록 하고 있다.

　그리고 돈에서 엄청난 냄새가 난다. 이곳의 화폐는 오래된 화폐를 폐기처분 하지 않기 때문에, 아주 오래된 화폐들도 계속 통용되어 돈에서 나는 냄새가 장난이 아니다. 한국에서 돈을 만지고 손을 씻은 적은 없지만, 이곳에서는 돈을 만지고 나면 손을 씻고 싶다. 깨끗한 돈도 있지만, 헌 돈이 대부분이다.

1Birr

10Birr

100Birr, 5Birr

동전

에티오피아는 시간과 날짜가 다르다

같은 시간에 살고 있어도 과거와 미래가 공존하는 곳이 에티오피아이다. 에티오피아의 시간은 한국과 비교하여 7년 과거이다. 날짜도 다르고, 시간도 다르다. 오늘이 며칠이냐고 물어볼 때 꼭 인터내셔널인지, 에티오피안 날짜인지 항상 물어보아야 한다. 그리고 시간약속을 할 때도, 처음에는 우리가 사용하는 시간을 이야기하다가, 에티오피안 타임을 이야기하는 것이 훨씬 편해서, 이제는 운전사나 모든 사람들에게 그냥 에티오피안 타임을 이야기한다.

먼저 에티오피아 연도는 우리나라와 비교할 때 7년 전의 과거의 연도를 사용한다. 우리는 그레고리안력을 사용하고, 에티오피아 사람들은 곱틱력을 사용한다. 예수님이 태어난 해부터 서기 몇 년으로 되는데, 로마가톨릭교에서 보는 예수님이 태어난 해와 에티오피아 정교에서 보는 예수님이 태어난 해가 다르기 때문에 약 7년의 차이가 나게 되었다. 그렇지만 대부분의 사람들은 별문제 없어 잘 살아간다.

그리고 날짜도 다르게 표시된다. 에티오피아에는 1년이 13개월이다. 1월부터 12월까지는 모두 30일로 되고, 마지막 13월에는 5일이나 6일로 이루어져 있다. 그리고 13월에는 전부 다 휴가를 간다. 어떻게 보면 매달 1월부터 12월까지 30일이니 계산하기 편한 것 같다. 이곳에 사는 사람들은 인터내셔널 날짜와 에티오피아 날짜를 별문제 없이 잘 사용한다.

에티오피아 타임 0시가 인터내셔널 타임 6시이다. 탄자니아에서도 이런 시간을 사용하는데, 아침 6시에 일어나면 에티오피아 시간 오전 0시가 되고, 저녁을 먹을 때부터는 다시 저녁 0시가 되는 것이다. 우리의 오전 10시가 에티오피아 타임으로 아침 4시가 되는 것이다. 날짜는 인터내셔널 날짜를 많이 사용하는데, 시간의 개념에서는 대부분 에티오피아 타임을 많이 사용한다. 나도 에티오피아 사람들과 이야기할 때는 에티오피아 타임을 이야기하는 것이 더 편하다.

우리가 시간, 날짜 같은 절대적인 약속을 다른 방향으로도 볼 수 있다는 것이 재미있다. 아마 에티오피아가 세계 중심에 섰다면, 우리는 에티오피아 연도와 날짜, 시간을 인터내셔널 타임으로 사용하고 있을 것이다.

난 2008년에도 살고 있고, 2000년에도 살고 있다.

　오늘은 2008년 4월 27일로, 에티오피아 정교의 부활절이다. 에티오피아에서 아주 중요한 명절이라서 많은 사람들이 전통의상을 입고 다니고, 어린아이들도 새 옷을 입은 아이들이 많다.

　명절 분위기가 난다. 아침부터 악슘호텔이 북적이기 시작했다. 호텔에 와서 사람들이 이야기하고, 호텔 앞 도로에도 많은 사람들로 붐비고 있다. 호텔 로비에서는 전통커피를 주는 곳을 마련해 놓고, 명절기간 동안에는 전통커피와 빵을 공짜로 나누어 준다고 한다. 전통커피는 요즘 사무실에서 먹고 있는 것처럼 호리병에 커피를 넣어서 끓이는 것이다. 전통빵은 별로 먹고 싶지 않아서 맛을 보지 않았다.

　호텔에 있는 모든 직원들이 전통의상을 입었다. 유니폼을 입고 있는 것보다 훨씬 보기가 좋았다. 진짜 에티오피아에 있는 듯한 실감이 났다. 평소에는 가동하지 않는 호텔에 있는 분수도 가동을 시작했다. 호텔에 있는 분수에는 목동의 신이라고 하는 동상이 서 있는데, 목동이 점심도시락과 채찍을 가지고 있는 것이 특징적이다.

호텔 바닥에는 풀이 널려 있다. 난 이것이 무슨 귀신을 쫓는 의미라고 생각했는데, 그냥 바닥을 초원같이 꾸미기 위해서 장식으로 풀을 깔았다고 한다. 메켈레의 대부분 사람들이 에티오피아 정교를 믿고 있기 때문에, 종교적인 행사라기보다는 오히려 그들의 생활 자체가 종교인 것 같다.

공식적인 휴일이 3일이지만, 대부분의 사람들은 일주일 이상의 휴가를 내어서 명절을 보낸다. 사무실에 있는 많은 사람들이 각자 자기의 고향을 돌아갔다. 우리 운전기사도 이번 주는 휴가를 내어 자기 집으로 돌아가서 형제들을 만난다고 한다. 고향이 멀리 있기 때문에 가는데 하루 이상 걸리고, 집에서 오래간만에 친지를 만나서 양 한 마리를 잡아서 나누어 먹으면서 지내다가, 명절이 끝날 때쯤 다시 헤어진다고 한다. 형편이 어려운 사람들은 닭을 잡아서 나누어 먹는다고 하는데, 즐거워 보이는 사람들의 모습은 여느 사람들과 같다.

시내 곳곳에는 며칠 전부터 양을 파는 사람들이 양 떼를 이끌고 골목골목을 누비고 다니면서 양을 팔고 있다. 또 양을 사서 한 마리씩 끌고 가는 사람들을 여기저기서 많이 볼 수 있었다.

많은 사람들이 양을 잡아먹고, 양가죽은 부활절이 끝나면 다시 시장에 나와서 팔린다고 한다.

그래도 명절이라서 그런지 메켈레가 확 달라진 것 같다.

에티오피아(티그라이 부족) 전통의상을 입은 남녀

오래간만에 분수가 가동되었다(처음 보았다).

호텔 로비에 풀들이 깔려 있다.

에티오피아 전통의상을 입은 호텔 직원들

9,000Birr의 행복

　오늘은 에티오피아에 와서 가장 큰 돈을 사용하였다. 한국 위성 방송 중에서 KBS월드를 보기 위해 9,000Birr(90,000원)를 투자하였다. 이곳에 있는 몇몇 한국사람이 KBS월드를 보고 있어서 방법을 알아보니, 아랍셋이라는 위성TV장치를 설치해야 한다고 한다. 호텔에서 아랍셋을 달면 될 것 같아, 호텔 프런트에 아랍셋이 나오도록 해 달라고 했지만, 호텔에서는 별도의 위성안테나를 달 수가 없다고 한다.

　그럼 내가 직접 돈을 들여서 내 방에 위성TV를 달아도 되는지 지배인에게 알아봐 달라고 하니까, 의외로 달고 싶으면 달아도 될 것이라고 호텔 직원이 말을 한다. 호텔 직원에게 장기 투숙하는 나는 몇 달 동안은 방을 바꾸지 않을 것이니 지배인에게 정확히 물어보고, 위성방송을 설치하는 사람에게 가격을 알아봐 달라고 하였다. 내가 직접 하는 것보다 티그라이어(티그라이 지역에서는 사람들이 티그라이 부족어로 이야기 한다)를 사용하는 직원이 물어보는 것이 진행이 빠르다. 대부분의 현지인들이 영어를 하지 못하기 때문에 의사소통이 불가능하다.

호텔 직원이 지배인에게 물어보고, 위성방송 설치 업체를 알아보아서 금액을 전화로 알려 주겠다는 이야기를 듣고, 방에 올라왔다. 방에 도착하자마자 전화벨이 울렸다. 위성안테나를 다는 데 9.000Birr(9만원)이고 방에 설치하는 데 아무런 문제가 없다고 한다. 일단 알았다고 이야기하고 내가 다시 전화를 걸겠다고 하였다.

몇 번을 생각해 보다가, KBS월드를 내 방에 설치하기로 결정했다. 앞으로 3개월을 살아야 하는데, 3개월이면 90일, 하루에 보는 돈이 약 10Birr, 1,000원이라고 생각하니 별로 액수가 큰 것 같지 않은 느낌이 들었다. 그리고 3개월 뒤에 나가면서 다시 팔면 조금이라도 돈을 받을 수 있으니, 돈은 생각하지 말고 달기로 했다(에티오피아에서 나오면서, 다른 한국 사람에게 공짜로 주고 왔다).

호텔 프런트에 전화를 걸어서 내 방에 위성TV를 설치해 달라고 하니, 내일 오전 11시경에 된다고 하였다.

다음 날 점심을 먹기 위해 호텔에 도착하니, 호텔 직원이 오전에 위성 TV를 설치하였다고 하면서 나에게 영수증을 준다. 이제 내 방에서 한국어를 들을 수 있다는 것에 왠지 설렌다. 위성방송을 틀어 보니, 매번 CNN과 알자지라 방송만 보면서 살았는데, 방송채널이 매우 다양해졌다. 요즘에는 알자지라 뉴스를 자주 보고 있다. CNN은 미국의 뉴스가 주를 이루고, 뉴스를 보는 시각이 미국 중심이다. BBC뉴스는 영국이나 유럽 시각에서 사건을 다루고 있어서 별로지만, 다큐멘터리는 재미있다. 알자지라 방송은 뉴스채널 중에서 전 세계 뉴스를 가장 골고루 방송해 준다. 한국의 뉴스도 많이 나온다. 좀 잔인한 장면들도 여과 없이 방송하기 때문에 가끔씩 눈을 감는 부분도 있지만, 한 지역을 집중하지 않기 때문에 다양한 시각으로 볼 수 있어서 주로 보고 있다.

그런데 이제는 KBS월드에서 한국 뉴스를 들을 수 있어서 즐겁다.

(최근에는 KBS월드가 유료화를 시작하여, 해외에 있는 사람들이 방송을 보기 위해서는 별도의 돈을 내고 칩을 사야 한다. 칩을 사는 과정도 복잡하기 때문에, 많은 한국 사람들이 KBS월드를 포기하고 살고 있다. 왜 그렇게 되었는지 모르지만, 이제 해외에 나가는 많은 사람들이 점점 KBS월드를 볼 수 있는 기회가 사라지고 말았다. 대신 아직까지 공짜인 아리랑 TV를 보아야 하는 것이다.)

드라마는 밑에 영문자막이 있다.

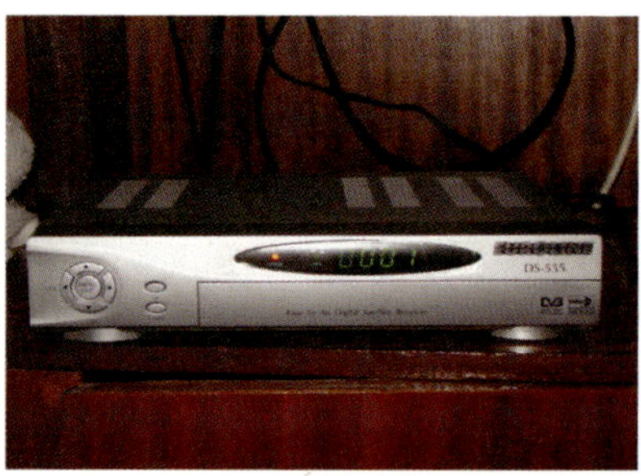

TV 콘솔과 접시 안테나는 호텔 옥상에 있다.

오늘도 바자지가 나타나지 않아서 걸어서 회사로 출근하기로 했다. 내가 출근하는 길에는 악숨호텔 근처에 초등학교가 하나 있다. 메켈레에 학교는 많이 있지만, 이 초등학교가 호텔에서 가장 가까운 학교이다. 이곳의 아이들은 7시부터 등교를 하고, 점심시간에는 대부분 집으로 돌아간다. 오후반 아이들이 점심시간 후에 등교를 한다. 등교하는 아이들을 보면 붉은색 니트 형태의 교복을 입고 있는데, 중간에 구멍이 난 옷, 밑부분이 다 떨어진 옷 등 각양각색의 교복 모습을 볼 수 있다. 교복이 완전히 떨어질 때까지 입고 다니는 것 같았다.

학교 정문에는 한국의 선도부 선생님 같은 두 분이 지키고 있다. 한 사람은 서서 책을 보고 있고, 한 사람은 조그마한 몽둥이인지 지시봉인지를 가지고 있다. 꼭 우리나라의 고등학교를 보는 것 같아서 너무나 친근하다. 학교 앞길에는 교통봉사대 옷을 입은 아이들이 교통정리도

학교 정문 모습

하고, 차도로 걸어 다니지 못하도록 한다. 파란색 옷을 입었는데, 계속해서 사용하는 옷이라 그런지 제법 낡아 보였다.

메켈레는 교육열이 아주 높은 곳이다. 많은 사람들이 학원이나 전문기술학교 같은 야간학교를 다닌다. 국립대학은 공짜이지만, 국립대학을 갈 수 없는 사람들은 자기 돈으로 사립대학으로 간다. 사립대학에서 많은 사람들이 공부를 한다. 대부분 낮에는 직장에 다니고, 밤에는 야간대학에 다니는 사람들이 대부분이다. 이러한 교육열이 미래의 에티오피아 발전의 밑거름이 될 것이라고 생각한다.

문득 올해 입학한 둘째 딸아이는 학교를 잘 다니고 있는지 궁금하다.

입학을 하는 날에도 캄보디아에 있었는데…….

내가 에티오피아에서 돌아가면 초등학교에 입학한 딸이 여름방학을
지내고 있을 텐데…….

학교 앞 모습

학교 앞 등교하는 아이들 모습

교통정리를 하는 아이

갑자기 3시부터 어두워지기 시작했다. 어두워지는 것이 꼭 비가 내릴 것만 같았다. 바람이 많이 불기 시작하더니, 비가 조금씩 내렸다. 비가 아주 조금 내릴 때 자료복사와 바인딩을 위해서 시내로 나갔는데, 복사가 끝날 무렵에는 비가 많이 내

복사집 모습

려 복사집 밖으로 나올 수가 없었다. 복사집 바로 앞에 차가 있었지만, 하늘에서 비가 퍼붓는 듯해서, 비가 좀 적게 내릴 때까지 기다리기로 했다.

요즘에는 점점 정전이 심해지고 있다. 메켈레는 수력 발전으로 전기를 공급받는데, 최근에 가뭄이 심각해져 수력댐에 물이 얼마 남지 않

아서, 전기를 생산하지 못하고 있다. 특히 우기에 비가 많이 내려서 건기에 충분한 물을 가두고 있어야 하는데, 기상 변화로 인해서인지 우기에 내리는 비의 양이 점점 적아지고 있다. 보름 전부터는 우기가 시작되었어야 하는데, 이제 겨우 비가 내리기 시작한다고 한다. 비가 내려야 수력 발전용 댐에 물을 채워서 전기를 생산하게 되는데, 비가 이제 내리기 시작하니 물의 양이 너무나 부족해 충분한 전기를 생산하지 못하고, 최소의 양만 생산하고 계속 물을 채우고 있다고 한다.

내리는 비의 양이 조금 적어져서 차로 뛰었다. 출발하자고 하니, 차 유리창에 서리가 가득 차 있다. 운전사가 계속 서리를 손으로 닦고 있어서, AC(에어컨을 보통 줄어서 AC라고 이야기하는 곳이 많다)를 켜라고 하니, 무슨 말을 하는지 모른다. 내가 직접 에어컨을 작동해서 유리창으로 차가운 바람이 가도록 하니까. 서리가 없어지는 것을 보고 운전기사가 신기해한다. 아마 운전기사는 한 번도 에어컨을 사용해 본 적이 없는 것 같았다. 아프리카지만 보통 창문을 열고 다니고, 아침저녁으로 추운 날씨이니 누가 에어컨을 생각하겠는가.

아마 운전기사는 나에게서 배운 에어컨 사용법을 주변 기사들에게 이야기할 것이다. 에어컨이 이렇게 필요할 때가 있다는 것을 알았으니 말이다.

(에티오피아는 북쪽 지방은 에어컨이 필요 없지만, 남부 지방으로 가면 무더운 날씨이기 때문에 에어컨이 필요하다.)

비가 오면 곳곳이 침수되기 때문에, 물길을 내는 사람들도 있다.

오늘은 오월의 첫날로 '메이데이(노동자의 날)' 공휴일인데, 현장에 가기로 약속을 잡았다. 이런저런 쉬는 날을 다 따지다 보면 일을 할 수 있는 날이 많지 않다.

현장에는 점심을 먹을 만한 곳이 없기 때문에, 돌아와서 늦은 점심이라도 가능하도록 아침 일찍 출발하기로 했다. 같이 가기로 한 현지 기술자와 호텔에서 6시 30분에 만나기로 하였기 때문에 호텔 주방에다가 6시에 꼭 밥을 먹어야 한다고 이야기를 해서, 평상시보다 훨씬 서둘러 아침을 먹었다. 6시 30분이 되니, 운전기사와 현지 기술자가 도착하였다. 그런데 운전사와 현지 기술자가 아침을 먹지 않았다고 한다.

현장에 가는 길목에 차를 주차하기 편한 곳에서 아침을 먹고 가자고 하였다. 차는 메켈레를 빠져나가는 고개를 넘어가기 직전에 있는 레몬 카페란 곳에 멈추었다. 얼마 전에 주스바에는 가 보기는 했지만, 외국

레몬 카페 전경

인들은 잘 가지 않는 일반인들이 먹는 식당은 처음 가는 것이라 어떤 곳인지 궁금했다.

이른 아침이었지만, 레몬카페 안에는 여러 사람이 아침을 먹기 위해서 앉아 있었다. 우리는 카페 앞에 있는 테이블에 앉았다. 운전기사와 현지 기술자는 계란요리를 시켰다. 나는 마끼아또를 한 잔 시켰다. 계란요리는 6Birr(600원) 정도 하는 것 같았다. 계란요리가 나왔는데, 계란을 스크럼블해서 주고, 빵과 잼을 주는 것이었다. 내가 시킨 마끼아또는 설탕을 많이 넣었는지 너무 단맛이 많이 나서 절반도 못 마셨다.

운전기사와 현지 기술자의 아침식사
(손으로 먹는다)

자 이제 아침을 먹었으니 출발…….

카페 내부 모습

빵을 팔고 있는 사람

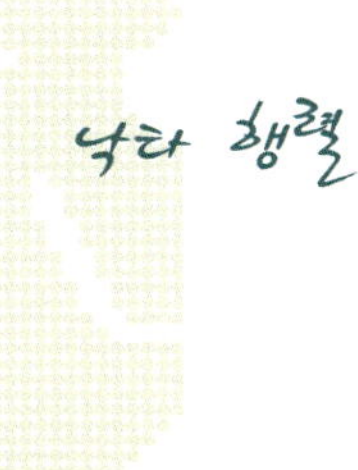

현장에 도착해서 마을들을 둘러보고 있으니, 갑자기 저 멀리에서 동물들이 한 줄로 떼를 지어서 가고 있다. 무슨 아라비아 상인들 행렬도 아니고, 텔레비전에서 본 것 같은 긴 행렬이 지나가고 있다. 너무 멀리 있어서, 현지 기술자에게 저것이 무엇이냐고 물어보니 낙타의 행렬이라고 한다. 이곳에서는 돌에서 소금을 채취하는 방식을 사용한다고 한다. 바다가 없는 나라이니, 소금을 먹으려면 암염에서 채취해서 먹는 것이 최선의 방법이다.

암염도 예전에 바다였던 지역이 말라서 소금층을 이루고 있는 것이니, 바다에서 나는 소금과 태생은 같다고 볼 수 있다. 암염이 있는 광산이 보고 싶어서 현장에서 암염광산이 얼마나 떨어져 있냐고 물어보니, 차로 몇 시간은 들어가야 한다고 한다. 현장의 길은 상태가 좋지 않은 비포장도로인데, 차로 몇 시간이면 완전히 하루를 잡아서 구경을

낙타 행렬

가야 하니, 일단 구경 가는 것은 포기하기로 하고 낙타 행렬을 보는 것에 만족하기로 했다.

낙타마다 흰 플라스틱 포대에 아주 무거워 보이는 소금을 가득 싣고 가는 것 같았다. 입구 부분은 짚으로 채워서 잘 보이지는 않았다.

한국으로 돌아가기 전에 암염을 채취하는 광산을 구경할 수 있었으면 좋겠다.

흰 포대에는 소금이 들어있다

주인들 집을 돌아보다

오늘은 물탱크와 여러 가지 시설물의 위치를 결정하기 위해 동네 전체를 다 돌아보았다. 현장 곳곳을 돌아보니 사람들이 어떻게 집을 만드는지도 알 수 있었다.

에티오피아 북부 지방은 밤이 되면 아주 춥고 우기에도 비가 집중적으로 내리는 자연환경을 고려해서 주택이 만들어진 것 같았다. 외부에는 돌로 담을 만들어서 다른 동물들의 침입을 막고, 소중한 가축들이 함부로 못 나가도록 만들어졌다. 지붕의 기초는 나무로 먼저 골격을 만들고, 다시 나뭇가지를 이용해서 올린 다음 그 위를 젖은 진흙으로 덮었다.

진흙을 이용해서 지붕을 만들었기 때문에, 지붕 위에 풀이 자라고 있는 집들도 많이 있었다. 가축을 기르는 곳은 돌을 사용하지 않고 나무로만 지어서 사람들이 사는 집보다 쉽게 만들 수 있는 구조로 되어 있었다. 가축이 많아지면 축사를 쉽게 증축할 수 있도록 되어 있었다.

동네 전체 모습

부뚜막같이 생긴 것이 있어서 자세히 보니까, 닭장으로 이용하고 있었다. 닭은 소중한 재산이고, 큰 동물에 비해서 공격을 받을 경우가 많이 있기 때문에 돌로 닭장을 만들고 있었다.

최근에 지어진 집들은 지붕을 함석으로 한 집도 있었는데, 흙으로 만든 지붕은 난방이나 습도 조절에 좋고 함석지붕은 시공이 간편한 장점이 있었다. 집 입구에 함석으로 만든 대문이 있고, 다시 집 내부에 현관문을 만들고 있었다. 집 안에는 아이들이 뛰어놀고 있었는데, 안에 들어가서 사진을 찍지는 못했다.

집 근처에는 조그마한 텃밭이 많이 있는데, 텃밭에는 빗물을 가두어 두는 아주 깊은 웅덩이를 파 놓고 있다. 주변에서 흘러 들어오는 빗물을 보관해서 가정과 농사용으로 사용하는 빗물 집수시설은 빗물이 들어올 때 흙이나 쓰레기가 들어오지 못하도록 현지 여건에 잘 맞도록 과학적으로 만들어진 턱을 가지고 있었다.

에티오피아 북부지방 전통 가옥 모습

지붕이 진흙으로 만들어져 있고, 아래에는 나무로 골격을 만들고, 나뭇가지로 기초를 했다.

함석으로 만들어진 지붕

돌로 만들어진 닭장

대문이 있고, 다시 사람들이
사는 집에는 현관문이 있다.

빗물을 가두어 두는 공간. 외부의 이물질이
들어오지 못하도록 턱을 만들어 놓았다.

오늘은 은행에 가야 한다. 미루고 미루는 것이 은행에 가는 일인데, 이제는 돈이 거의 다 떨어졌고, 돈도 이체를 시켜야만 했기 때문에, 할 수 없이 은행에 갔다. 에티오피아 상업은행은 토요일에도 오전 영업을 한다. 공무원과 많은 직장들은 토요일에 휴무를 하는데, 토요일에도 은행은 오전 근무를 한다. 처음 통장을 만들 때 매니저에게 찾아가서 통장을 만들었기 때문에 이번에도 매니저에게 바로 찾아갔다.

8시 30분에 은행에 도착했는데 너무나 많은 사람들이 벌써부터 기다리고 있다. 은행에 오면 반나절은 각오를 하고 와야 하기 때문에, 한 번 올 때 한 달 동안 사용할 경비를 한꺼번에 출금한다. 에티오피아 은행은 아직까지 전산화가 이루어져 있지 않다. ATM기계도 없고, 손으로 적어서, 컴퓨터의 엑셀 프로그램으로 통장을 관리하고 있었다. 모든 업무가 손으로 이루어지니 돈을 출금할 때도 이곳저곳 확인을 받는 단계가 많이 있다. 내가 돈을 이체받고, 돈을 출금하고 나니, 시간이 오전 11시가 되었다. 매니저를 바로 찾아가서 기다리지 않고 진행되었는데도, 3시간 30분이나 걸린 것이다. 아마 밖에서 기다렸다면 하루 종일 기다렸을 것 같다. 매니저가 직접 인출 서류를 들고 처리를 해 주었는데도 이 정도면 일반인이 은행을 이용하려면 시간이 훨씬 많이 걸릴 것이다.

돈을 인출해서 가방에 넣으니 가방이 불룩해졌다. 이제 한 달간은 은행에 올 필요가 없다. 다른 사람에게서 은행에 가면 몇 시간 기다려야 한다는 말은 들었지만, 막상 내가 겪어 보니 장난이 아니다. 은행은 돈에서 나오는 냄새가 진동해서 머리가 아프다. 처음 은행에 들어가면 머리가 띵하다. 사람들이 좋아하는 돈의 냄새가 이렇게 심한 것인지는 예전에는 몰랐다.

은행에는 정말 가기 싫다.

가방에 넣은 돈다발이 10개는 넘었다.

다른 소규모 사설은행 모습(내가 가는 은행은 경비가 사진을 못 찍게 했다)

아디스아바바로 가는 비행기표를 사러 갔다. 업무상 가야 하는 아디스아바바이지만, 사 가지고 와야 될 물건에 관심이 많다. 이번에 아디스아바바에 가면 김치를 사 올 수 있고, 한 달 동안 먹지 못했던 한국 음식도 먹을 수 있고, 메켈레에서는 살 수 없는 일용품을 살 수 있다.

막상 한 달 만에 아디스아바바를 간다는 것이 이렇게 설레는 일인지 몰랐다. 일단 메켈레에 있는 에티오피아 에어라인 사무실에 갔다.

사무실에 들어가서 직원에게 비행기표를 사러 왔다고 하니까, 오늘은 정전이라서 업무를 볼 수 없으니 전기가 들어올 때 오라고 한다. 그리고 전기가 들어오더라도 발권이 되지 않을 때도 있으니, 오기 전에 전화로 확인하라고 나한테 전화번호를 주었다. 그리고 연중무휴이기 때문에 언제든지 와도 된다고 했다.

지금은 아무것도 할 수 없으니 돌아가기로 했다. 오후쯤 되어서 다시 에티오피아 에어라인을 찾아갔다. 이제 전기는 들어오는데 전산시스템이 연결되지 않는다고 한다. 그러면서 내일 오라고 한다.

다음 날 아침 에티오피아 항공이 있는 블록으로 가 보니 정전이라서 바로 사무실로 출근을 했다. 아침에 출근해서 몇 번이나 에티오피아 에어라인 사무실에 전화를 걸어도 받지 않는다. 점심을 먹고 에티오피아 항공 사무실에 가니 앞에 사람들이 엄청나게 줄을 서 있다. 직원들이 아직까지 점심을 먹는지 사무실 문이 잠겨 있다. 점심시간인 12시부터 2시까지는 아예 표를 팔지 않는다. 2시 20분이 되어서야 직원들이 나타났다. 이제를 표를 살 수 있겠지 생각했는데, 다시 정전이라고 한다. 발전기 한 대만 있으면 발권이 가능한데, 많은 사람들이 발길을 돌렸다.

다음 날 에티오피아 항공에 갔다. 이제는 발권을 하는지 밖에서 기다리는 사람들이 많지 않다. 기어이 비행기표를 예약하고 발권을 하였지만, 가격이 엄청나게 비싸다. 메켈레와 아디스아바바까지 편도가 에티오피아 내국인이나 거주증 있는 외국인은 625Birr(약 62,500원)인데, 거주증이 없는 외국인은 1,626Birr(약 162,000원)이라고 한다. 거주증이 있고 없고의 차이에 100,000원 정도 비싼 가격을 받고 있다.

많은 개발도상국에서는 관광을 주로 하는 외국인에게는 비싼 가격의 금액을 받고, 거주증이 있거나 자국민에게는 다른 금액을 제시한다. 어떻게 생각하면 아주 현명한 정책 같기도 하지만, 나 같이 거주증이 없는 사람은 좀 억울하다.

그래도 오늘 비행기표를 끊었다는 것만으로 만족하기로 했다.

에티오피아 에어라인 메켈레 사무실

비행기표를 끊는 사람들

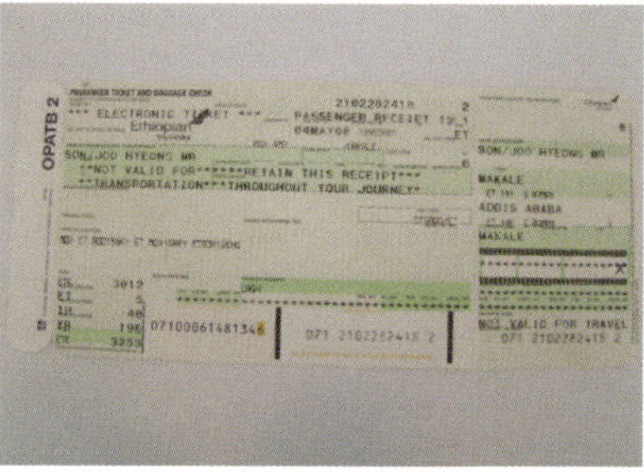

오늘 발권받은 비행기표

에티오피아 에어라인 광고판

에티오피아 에어라인 비행기

오늘은 어린이날이다. 에티오피아에서도 어린이날은 공휴일이다. 어린
이날이라서 공휴일이 아니라, 에티오피아와 이탈리아의 전쟁에서 에티오
피아가 승리한 기념일이라 쉰다고 한다. 난 아침 6시 30분에 현장을 갔다
와야 해서, 공휴일이라고 달라진 것은 없었다.

현장 마을 아이들

현장에서 마을을 돌아다니다
보니, 어린이날이라서 그런지 아
이들이 더 많이 눈에 띄는 것 같
았다. 남자아이들이 축구를 하고
있는 모습이 눈에 들어왔다. 공
모양이 이상해서 자세히 보니,
헝겊으로 싸인 공이었다. 아이들
이 헝겊으로 공을 만들어서 차

고 있는 것이다. 이방인인 나에게 와서 자기가 가지고 있는 공을 자랑하면서 공 차는 시늉도 한다. 축구공을 한 개 사 주고 싶지만, 혹시 축구공을 잘못 주면 동네가 난리가 난다. 항상 다녀야 하는 마을이기 때문에, 물건 한 개를 줄 때에도 신중을 기해야 한다. 축구공을 한 마을에만 주면 다른 마을(프로젝트를 하는 곳에 4개의 큰 마을이 있고, 다시 여러 개의 작은 마을이 있다)에서 달라고 할 것이고, 마을의 기준을 어떻게 잡아야 되는지, 마을 이장님에게 주어야 되는지 학교에 주어야 되는지, 너무나 복잡해서, 축구공을 주는 것은 포기했다. 나의 입장에서 좋은 일이라고 행동을 하지만, 오히려 받는 쪽에서는 문제가 되는 경우를 많이 보았기 때문에 항상 조심해야 한다. 공짜로 주었을 때 생기는 반응을 예상하지 않고 주는 것은 내가 처음 해외에서 일을 할 때나 가능한 일이고, 이제는 반응이 예상이 되니 행동을 마음대로 할 수가 없다.

현장에 갔다 와서 한국에 전화를 걸었다. 딸아이들이 할아버지 댁에 갔다 왔다고 한다. 곧 다가올 어버이날을 위해서, 어린이날에 할아버지 댁을 갔다 온 것이다. 오늘은 어린이날이라서 아이들에게 휴대폰 문자 메시지를 보냈다.

매번 하는 생각이지만, 내가 무엇을 하고 있는지 모르겠다. 남들이 흔히 말하는 국위선양을 하러 왔다는 말은 한 달에 한 번이나 느낄까 말까 하고, 제발 아무런 병 없이 무사히 돌아가기만 바랄 뿐인 마음이 대부분이다. 물론 내가 하는 일에 애정이 없는 것은 아니지만, 일에 대한 애정만으로는 힘든 일들이 너무나 많다.

내년 어린이날에는 한국에 있을까······.

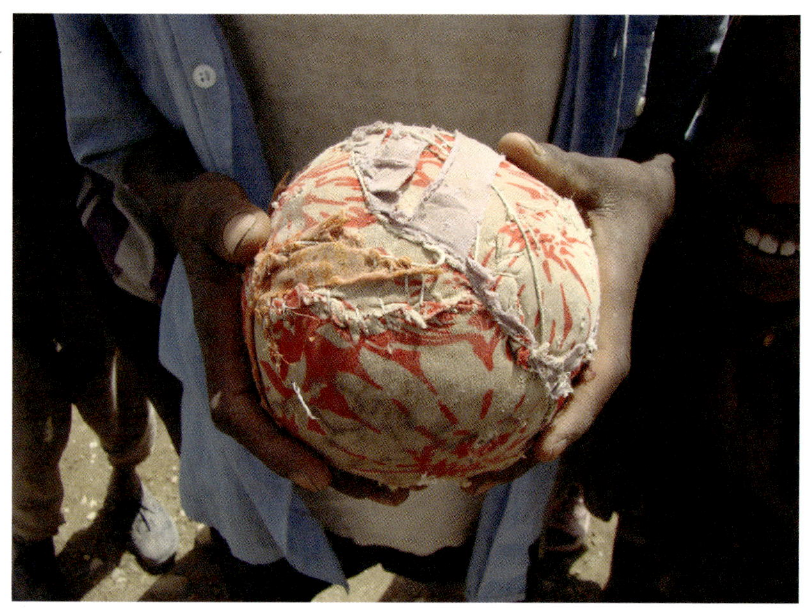

헝겊으로 만든 축구공

동네 아이들

드디어 이틀간 머물 예정으로 아디스아바바로 간다. 오늘이 5월 7일이니 한국을 출발한 지 정확히 한 달 하고 하루가 지나갔다. 4개월 일정에 4분의 1이 지나간 것이다.

새벽 4시 30분에 침대에서 일어나 이것저것 준비를 하고, 6시에 호텔에서 출발해서 6시 30분에 공항에 도착했다.

비행기를 타니, 내 좌석은 비행기 한복판에 있는 이코노미석이다. 난 외국인 요금으로 다른 사람들보다 100,000원이나 더 비싼 표로 비행기를 탔는데, 최소한 비즈니스석이라도 앉게 해 주어야 하는 것 아닌가 하는 생각이 들었다. 에티오피아 에어라인 홈페이지에 고객의 소리란 난이 있다면 좀 적어 놓고 싶다.

한 달 전 국제선을 타고 아디스아바바에 도착했을 때와는 달리 공항의 모습이 친숙하다. 처음 에티오피아에 도착할 때는 모르는 나라에 살아야 한다는 압박감이 있었지만, 이제는 그런 것은 사라져 버려서 공항 안의 모습이 훨씬 친숙하고 평안하게 느껴진다. 한 달 전에 아디스아바바에서 메켈레로 올 때에는 기내식으로 야채가 들어 있는 샌드위치가 나왔지만, 메켈레에서 아디스아바바로 갈 때에는 160cc짜리 콜라에 파운드케이크가 기내식으로 나왔다. 샌드위치보다는 파운드케이크가 훨씬 더 맛있었다.

공항으로 마중 나오기로한 차가 도착하지 않아서, 공항 안에서 이것저것 구경하면서 차를 기다렸다. 전광판을 보니 오전 11시부터 저녁 6시 30분까지 도착하는 비행기가 12편이 있었다. 비행기의 착륙 횟수를 대강 짐작할 수 있었다. 공항 안에는 폭스바겐 차를 세워 놓고 선전하는 곳도 있고, 호텔 부스들이 공항 안에 들어와 있다. 호텔 부스에 가면 호텔까지 픽업서비스를 해 주는 것 같았다. 가격이 물론 130달러 이상 하는 비싼 호텔이지만, 서비스는 좋을 것 같았다. 에티오피아를 떠나기 전에 특급호텔에서 잘 기회가 있을까란 생각도 해 보았다.

마중하는 사람들이 도착하는 사람들에게 줄 꽃을 파는 사람도 있었다. 아디스아바바는 메켈레와 달리 아디스아바바 주변에 유럽으로 수출하기 위한 화훼농장들이 많이 있기 때문에 생화를 팔고 있다. 노란색으로 치장된 'Yellow Spot'이란 스낵바에서 커피를 한 잔 마시면서 차를 기다렸다. 오기로 한 차가 교통 체증 때문인지, 고장인지 아직까지 나타나지 않는다. 항상 기다림과 친해져야 된다.

이제 차가 도착해서 아디스아바바 시내로 출발하였다.

볼레 국제공항(도착하는 사람을 기다리고 있다)

여러 특급호텔의 공항 부스

꽃을 파는 사람

폭스바겐 차량 전시장

스낵바

도착항공편 안내 전광판

이번에는 밀레니엄호텔에 묵기로 했다. 전에 잤던 킹스호텔보다는 전반적으로 훨씬 깨끗한 것 같았다. 영업을 시작한 지 얼마 되지 않은 호텔이어서, 로비도 깨끗하고 객실도 깨끗해서 좋았다. 10층까지 있는 호텔인데, 정전이 되어서 엘리베이터가 가동되지 않는다. 아디스아바 바도 메켈레와 마찬가지로 전력 사정이 좋지 않은 것 같다. 에티오피아 층수로 4층에 있는 객실을 받아서, 5층까지 걸어갔다. 에티오피아에서는 로비가 있는 맨 밑층을 0층 또는 지상(Ground)으로 하고, 2층부터 1층이 된다. 엘리베이터를 타고 있을 때 정전이 되면 완전히 갇혀 버리는 것이 되니, 되도록이면 엘리베이터를 타지 말고 걸어서 다녀야겠다.

방 안에 있는 모든 제품들이 전부 다 중국제로 만들어져 있다. 전등, 도기, 냉장고 등 중국제가 아닌 것이 없다. 호텔 요금이 55USD에 이 정도 시설이면 좋은 것 같다. 한 달 전에 묵은 킹스호텔에 비해서 가격은 조금 비싸지만 시설이 깔끔해서 다음에도 이곳에서 묵는 것이 좋을 것 같다.

아디스아바바도 우기가 되어서인지 갑자기 소나기가 내리기 시작했다. 처음에는 호텔 외부로 밥을 먹으러 나갈 생각이었지만, 비가 와서 호텔 안에 있는 이탈리아 식당에서 점심을 먹기로 했다. 이탈리아 식당도 정전이라 촛불을 켜고 점심을 먹어야 했다. 난 참치 피자와 치킨수프를 시켰고, 일행은 스테이크를 시켰다.

메켈레 악숨호텔에는 없던 메뉴들이 이곳에는 너무 많다. 악숨호텔 레스토랑에서 한 달 동안 몇 개의 음식으로만 돌아가면서 먹었는데, 그동안 먹지 못했던 다양한 메뉴가 이곳엔 있어서 즐겁다. 주문한지 20분쯤 지나서 나온 치킨수프는 완전히 닭죽이었다. 맛있게 음식을 먹었지만 음식의 가격은 메켈레에 비해서 좀 더 비쌌다.

비가 그친 후, 호텔 앞을 구경하였다. 호텔 앞에는 작은 카페가 있었는데, 케이크와 커피와 젤라또 아이스크림을 팔고 있었다. 카페 실내는 정전으로 어두웠지만, 커피는 마실 수 있었다. 메켈레에서는 대부분 청년들이 카페에서 차를 마시는데, 아디스아바바에서는 교복을 입은 고등학생들이 카페의 한 자리를 차지하고 있었다. 그리고 메켈레에서 볼 수 없을 정도로 교복이 깨끗했다. 구멍 난 교복은 하나도 보이지 않았다.

커피를 마시고, 카페의 내부 사진을 찍고 다시 호텔로 돌아왔다.

밀레니엄 호텔 전경

점심을 먹은 메트로 레스토랑

메트로 레스토랑 실내

호텔 앞 카페 모습

호텔 실내

케이크 판매대

호텔 프런트에 가서 아디스아바바에서 가장 큰 쇼핑몰을 가르쳐 달라고 하였다. 각 나라의 쇼핑센터에 가면 그 나라의 수준을 알 수 있다. 가장 좋은 제품이 진열되어 있으므로, 내가 살 수 있는 물건과 못 사는 물건의 한계를 짐작할 수 있다.

호텔 프런트 직원에게 쇼핑센터 이름과 택시비를 물어보았더니, 프랜드십 쇼핑몰(Friendship Shopping Mall)이 가장 큰 쇼핑센터이고, 택시비는 호텔에서 약 50Birr 정도라고 한다. 호텔 프런트에서 택시를 불렀

다. 택시기사에게 '프랜드십 쇼핑몰'에 가자고 하고, 'Fifty(50)'라고 이야기하니 오케이(OK)라고 한다. 쇼핑센터는 호텔에서 20분에서 30분을 이동한 거리에 있었다. 택시비를 50Birr를 주려고 하니 60Birr를 달라고 한다. 내가 출발할 때 'Fifty(50)'라고 말하지 않았느냐고 하니, 자기의 실수라고 자기는 항상 60Birr를 받았다고 한다. 자기의 실수라면 그냥 받아들여야지 내가 왜 자기의 실수를 책임져야 하는지 모르겠다. 처음부터 60Birr라고 이야기했으면 오히려 기분이라도 나쁘지 않았을 텐데, 사기를 당한 기분이다.

택시를 잡아 준 호텔 직원에게 이야기를 해서 해결하려고 호텔에 전화를 해 보았지만, 전화를 받지 않는다. 나중에 알게 된 사실이지만, 정전 때에는 호텔의 전화가 작동되지 않는다고 한다. 전자 교환기를 사용하는데, 전원이 없으면 교환기가 작동을 하지 않는 것 같다.

한 10분 정도 말싸움을 하다가, 60Birr(6,000원)을 주고 내리기로 했다. 기분은 별로지만 해외에서 이런 일은 빨리 잊는 것이 정신건강에 좋다. 쇼핑센터로 들어가려고 하니, 경비가 몸수색을 한다. 쇼핑센터에서 판매하는 주요한 물건들은 의류, 귀금속, 컴퓨터, 유아용품이었고 책도 팔고 있었다. 그 중 옷가게가 가장 많았고, 상당한 규모의 유아복과 장난감 가게가 있었다. 장난감 가게에서는 한국상표가 붙은 장난감도 몇 개 보였다.

컴퓨터 가게는 Cannon과 HP 등이 있었고, 메켈레보다는 다양한 컴퓨터 제품들이 있었다. 안경 가게에 가서 선글라스 목줄을 하나 샀다.

내게 필요한 물건들이 없어서, 아이쇼핑으로 쇼핑을 마치고 프랜드십
쇼핑센터에서 나왔다.

프랜드십 쇼핑센터

쇼핑센터 주변 건물모습

칼디스 커피(Kaldi's Coffee)

쇼핑센터를 나와서 주변을 둘러보니 멋진 커피숍이 있었다. 에티오피아에 와서 본 가장 좋은 커피숍 같다. 일단 커피를 한 잔 마셔야겠다는 생각에 들어갔다. 실내 인테리어는 스타벅스 분위기와 비슷하게 느껴졌지만, 가장 큰 차이점은 종업원이 와서 주문을 받는다는 것이다.

커피숍의 이름인 '칼디(Kaldi)'는 에티오피아 전설 속에 나오는 염소를 기르는 목동(메켈레 악슘호텔 정원에 분수 동상이 있다)을 말한다. 칼디는 어느 날 염소들이 붉은 열매와 짙은 녹색 잎이 달린 나무 주위를 즐겁게 춤추며 도는 것을 발견하고, 이를 수상하게 여겨 원인을 찾으려 노력하였는데, 붉은 열매가 염소를 흥분시킨다는 것을 알게 되었다. 칼디는 이 사실을 수도원 승려에게 말했는데, 승려들은 그 커피열매가 정신을 맑게 하고 피로를 덜어 주는 것을 발견하고, 기도할 때 졸음을 쫓기 위해 커피를 마시기 시작한 것이 커피의 시초가 되었다.

또한 커피(Coffee)라는 말의 뿌리는 에티오피아 카파(CAFA)에서 유래한다고 한다. '카파'는 힘이란 뜻을 가진 아랍어로서, 커피나무가 야생하는 에티오피아의 한 지방 이름이다. 이 카파가 터키로 건너가서 '카베'가 되었고, 유럽으로 건너가서는 '카페'라 불렸다고 한다. 1645년 이탈리아에 첫 커피 공장이 생기게 되었고, 교황 CLEMENTE 8세의 승인 아래 성직자에게까지도 널리 보급되었으며, 영국에서는 처음에 '아라비아의 와인'으로 불리다가 1650년경에 한 귀족이 커피(COFFEE)라고 부른 것이 계기가 되어 오늘날 커피라는 이름이 통용된 것이라고 한다. 커피를 발견하고, 커피의 유래가 되는 에티오피아는 커피와 떨어질 수 없는 나라이다.

칼디스 커피에서 차를 마시는 사람들을 둘러보니, 메켈레에서 본 사람들과는 엄청난 차이가 난다. 사람들의 옷은 깔끔하고, 휴대폰도 고급이었다.

메뉴판을 가지고 왔다. 커피의 금액이 보통 7~10Birr 정도 했다. 그리고 케이크와 아이스크림도 팔고 있었다. 난 파인애플주스와 아메리칸 스타일의 커피를 마셨다. 물론 좀 진하기는 했지만, 오래간만에 아메리칸 스타일의 커피를

메뉴판

마실 수 있었다.

　손님 숫자에 비해서 종업원들이 너무 많아서, 오히려 계산하는 곳에서 종업원들의 정체가 일어난다. 필요한 종업원 수보다 훨씬 많은 사람이 근무하는 것 같았다. 벽에는 커피에 관한 각종 이야기가 도배되어 있었다.

　커피를 마시며 사람들 구경을 하고 다시 호텔로 돌아왔다.

칼디스 커피숍

커피숍 내부 모습

커피숍 내부 의자와 테이블

앞으로 에티오피아에 3개월 더 있어야 하니, 비자를 연장해야 한다. 공항에서 도착할 때 발급받은 비자로는 3개월밖에 있을 수가 없기 때문에 연장하여야 한다. 비자를 연장하면서, 에티오피아 운전면허증도 발급받고, 호텔, 비행기 요금 등이 할인되는 외국인 거주증(일명 ID)까지 발급받기로 했다. 비자, 운전면허증, 거주증, 이 3가지를 한꺼번에 다 하려고 하니 증명사진이 열 몇 장이 있어야 된다. 보통 해외에 나갈 때에는 여분의 증명사진을 가지고 나오지만, 보통 5장 정도만 가지고 나오기 때문에, 증명사진이 더 필요하다.

사진관 모습

업무를 마치고 호텔에 도착하

154

니 5시가 지나 있었다. 호텔에 도착하자마자 프런트에서 사진 스튜디오가 어디에 있는지를 물어보았다. 항상 궁금한 것은 호텔 프런트에서 물어보면 가장 쉬운 답이 나온다. 영어도 가능하고, 가격은 조금 비쌀지는 모르지만, 정확한 현지 정보를 얻을 수 있다. 직원은 'Adam's Pavilion Building(아담스 파빌리온 빌딩)'에 가면 사진 스튜디오가 있다고 하였다. 택시비가 얼마면 되냐고 물어보니 20~30Birr 정도 한다고 하였다. 호텔 밖으로 나가서 택시를 잡았다. 아담스 파빌리온 빌딩까지 얼마냐고 물어보니 40Birr라고 해서 나는 30Birr에 가자고 하였고, 택시 기사도 그 가격을 받아들여서 출발하였다. 사진관으로 가는 도중에 택시기사가 "사진관 앞에서 기다릴까?" 하고 물어본다. 내가 최소한 한 시간은 걸릴 것 같다고 이야기하니, 괜찮다고 한다. 기다리는 비용을 별도로 추가하지는 않는다고 하니, 돌아갈 때도 30Birr를 주기로 하고 운전기사의 휴대폰 전화번호를 받아서 내렸다.

어떤 도시를 가든지, 택시기사와 가격을 흥정하는 것은 쉬운 일이 아니고 아주 귀찮은 일이다. 몇천 원, 몇백 원에 사람의 기분이 확 달라진다. 좋은 기사 한 명만 있으면 단골차로 이용한다. 아직까지 아디스아바바에는 단골기사가 없어서 이 택시기사와 거래를 시도해 보기로 했다.

택시기사도 자기의 가격을 제시한 것 이지 바가지요금은 아니다. 현지인이 타던지, 누가 하더라도 항상 가격을 높이 불러서 서로 협상을 한다. 미터기가 없기 때문에 가격은 협상에 의해서만 결정된다.

아담스 파빌리온 빌딩은 다른 건물과 달리 현대적인 시설로 되어 있었고 증명사진을 찍고 싶다고 하니, 2층 사진을 찍는 공간으로 데리고 가서, 디지털카메라(DSLR)로 사진을 찍고, 20분 뒤에 오라고 하였다. 사진관에는 인화하는 기계가 있어서, 사진을 찍고 20분 만에 모든 것을 완성할 수 있는 것 같았다. 사진이 인화되기를 기다리는 동안 아담스 파빌리온 빌딩을 구경하였다. 내부 상가에는 대부분 의류, 신발, 귀금속점이 주를 이루고 있었다. 6시가 다 되어 가니 상점에는 사람들이 문을 닫을 준비를 하는 것 같았다. 아디스아바바에 있는 대부분 상점들이 6시나 7시가 되면 닫아 버린다. 물건을 사고 싶을 때는 일과 시간 중에 가서 사야 된다. 아담스 파빌리온 빌딩을 구경하고 사진을 찾아서 다시 호텔로 돌아왔다.

사진 스튜디오 입구. 2층 구조로 되어 있었다.

사진관 내부 모습

아디스아바바거리 모습

거의 한 달 만에 한국식당에 김치를 먹으러 갔다. 지금까지 에티오피아에 와서 먹었던 한국음식이라고는 호텔에서 끓여 먹었던 라면밖에 없었다. 한국에 있을 때는 김치를 별로 먹지 않아도 상관없었는데 여기서는 정말 김치가 먹고 싶어졌다.

에티오피아에는 한국음식점이 딱 한 군데 있다. 캄보디아나 아시아 국가에는 한국음식점이 정말 많이 있지만, 아디스아바바에는 중국식당 세 군데, 한국식당 한 군데가 동양계 식당으로 전부이다. 일식집은 한 곳도 없다. 한국식당 이름은 '레인보우'로, 식당 안으로 들어서니 손님들이 많이 앉아

레인보우 식당 간판

있었다. 한국사람들은 별로 보이지 않고, 일본사람, 중국사람, 서양사람들이 대부분을 차지하고 있었다.

오래간만에 먹는 한국식이라서 김치찌개와 불고기를 시켜 먹었다. 오래간만에 먹어 보는 밑반찬들이 정말 맛있었다.

이번 아디스아바바의 일정 중 둘째 날 점심에는 다른 일행과 같이 레인보우에서 해물탕을 먹었다. 그리고 둘째 날 저녁에는 메켈레에 돌아가면 한국음식을 못 먹기 때문에 나 혼자서 한국식당을 찾

메뉴판

나의 저녁식사

아갔다. 혼자서 한국식당을 가니, 택시비와 저녁식사 가격이 비슷했다. 식당에서 짬뽕과 김밥을 시켜 먹었는데, 배가 터질 듯했지만 메켈레에 가면 이런 음식은 못 먹기 때문에 남아 있는 모든 것을 먹었다.

에티오피아 사람들은 바다에서 잡은 새우나 해산물은 잘 먹지 않는다. 대부분 호수나 강에서 잡은 틸라피아라는 민물고기만 먹는다. 아디스아바바에서만 해산물을 먹을 수 있다. 해산물 요리를 좋아하는 나는 해산물 요리라면 어떤 나라 음식이건 잘 먹는데, 메켈레에서 매일 육

한국식당에 있는 종업원

류와 민물생선살만 먹으니, 음식을 먹는 즐거움이 점점 사라지고 있다.

레인보우 사장님께 김치를 좀 사 가지고 가고 싶다고 하였다. 사장님이 현재 김치가 별로 없다고 하셨지만, 한 달 동안 김치 구경도 못했고, 이번에 메켈레로 가면 한 달 뒤에야 다시 아디스아바바로 올수 있다고 하니 사장님께서 김치를 팔겠다고 하셨다. 욕심을 내어서 김치 2kg을 사기로 했다. 혼자 먹기에는 엄청난 양이지만 메켈레에 있는 다른 사람들도 좀 나누어 주고, 호텔 냉장고에 조금씩 분리해서 넣어 두고 먹으면 될 것 같았다. 플라스틱 꿀통 같은 곳에 김치를 담아 주셨는데, 내일 아침에 메켈레로 가는 비행기에서 혹시 냄새 때문에 거부당할까 봐 테이프로 꽁꽁 감아 버렸다. 그리고 음식용 랩으로 완전히 밀폐를 하였다. 내가 보아도 절대 냄새는 새어 나가지 않을 것 같았다.

레인보우 레스토랑에서 나와서 김치통 2개를 들고 호텔로 돌아왔다. 호텔에 돌아와서 김치를 냉장고에 넣고, 내일 새벽에 메켈레로 출발하기 위해 잠자리에 들었다.

한국식당 실내

레스토랑 내부

메켈레로 돌아온지 며칠이 지났다. 수자원부에 가서 프로젝트에 필요한 수질분석전문가를 요청하니, 메켈레 대학 화학과를 나온 전문가를 소개시켜 주었다. 수질분석을 하기 위해 현지정보의 도움을 받을 계획이다.

분석전문가와 현장에 가기로 했는데, 분석전문가가 메켈레 대학에 잠깐 갔다 올 일이 있다고 차를 좀 빌려 달라고 한다. 현장에 들어갈 때는 말이 통하지 않기 때문에, 현지 기술자를 데리고 가야지, 영어와 티그라이어(티그라이족들이 사용하는 언어)로 통역이 가능하다. 차를 빌려 주면 정확히 언제 올지 모르기 때문에 일정 전체가 차질이 생길 것 같아서, 같이 메켈레 대학을 갔다가 바로 현장으로 가기로 했다.

메켈레 대학은 공항에 갔다 오면서 간판은 보았지만 안에 들어가 보지는 않았다. 시내 중심부에서 차로 15분 정도의 거리에 있는 대학 주

메켈레 대학의 내부

변에는 사람이 사는 집들이 거의 없고, 주변이 허허벌판이다. 대부분의 학생은 기숙사에서 생활을 하고, 일부 학생만 나와서 하숙이나 자취를 한다고 한다.

메켈레 대학 입구에 차가 도착하니, 수위들이 차를 막는다. 거울로 차량 하부를 검사하고, 차량 내부에 있는 사람들과 물건을 검색한다. 문을 열어서 이것저것을 보는데, 나는 아무런 검색을 하지 않고 뒷문을 열고 분석전문가의 가방까지 이것저것 검색을 하였다. 내가 분석전문가에게 왜 내 가방은 검사하지 않냐고 물어보니, 넌 외국인이라서 가방을 검색하지 않는다고 하였다. 난 다시 외국인이 테러리스트면 어떻게 하려고 하냐고 물어보니 그냥 웃기만 한다. 외국인이라 바가지요금을 내어야 되는 경우도 많지만, 이렇게 특혜를 받을 경우도 많이 있다. 어떻게 보면 공평한 것인지도…….

메켈레 대학은 전국 주요 도시에 있는 국립대학 중에 하나이다. 각 도시마다 특별히 순위를 따로 매기지는 않는다고 한다. 학과에 따라서 자기가 가야 할 학교를 결정한다고 한다. 국립대학은 우리나라 수능시험 같은 시험을 치고, 상위권 학생들에게 국립대학에 입학할 수 있는 자격을 준다. 국립대학은 학비와 기숙사비가 공짜이나, 대학을 졸업하면 의무적으로 정부가 지정해 준 직장에서 일을 해야 된다. 공짜로 대학교육을 받았기 때문에 지정해 준 직장에서 일정 기간을 일을 한다. 물론 국립대학을 졸업한 사람들은 일반인들이 얻을 수 있는 직장보다는 좋은 직장을 얻는다.

메켈레 대학에 있는 지질학과 실험실에 들어가니, 실험실 안에는 컴퓨터가 자리마다 있고, 최신의 교육기자재들이 있었다. 원조로 들어온 것인지, 정부에서 지원해 주는 것인지는 몰라도 한국의 일반 실험실과 비슷한 분위기였다.

분석전문가는 실험실에 있는 사람과 이야기를 하고 서류를 주고받고 나서는 일이 끝났다고 출발하자고 한다.

대학 외부에 있는 작은 상점

메켈레 대학에 있는 건물

지질학과 복도에 있는 암석시료

대학 행정실

대학 카페테리아

ABREHA ATSBEHA 교회

우리나라에서 절을 구경하듯 에티오피아에서는 오래된 교회를 구경한다. 에티오피아에서 교회는 종교 시설이라기보다는 생활의 일부분이다. 에티오피아 정교가 널리 퍼져 있는 곳에서는 각 마을마다 하나 이상의 교회가 있고, 오래된 교회들도 많다. 오늘은 현장 근처에 있는 오래된 교회에 가기로 했다. 현장에 갔다가 교회를 둘러보기 위해서, 점심시간을 줄였다.

교회는 현장에서 차로 약 40분 정도의 거리에 있었다. 커다란 바위 안에 만들어진 이 교회는, 유명하다고 들었지만 메켈레에 있는 여느 교회와 크게 달라 보이진 않았다. 외국인은 50Birr(5,000원)의 입장료를 받는다고 한다. 이곳 물가를 고려해 봤을 때 엄청난 요금이라 생각했지만, 여기까지 온 것이 아까워 들어가기로 했다.

ABREHA ATSBEHA 교회는 에티오피아에 있는 가장 오래된 교회 중

교회가 산 중턱에 위치하고 있었다.

의 하나이며, 10세기경에 만들어졌다. 17세기에 에티오피아 왕 중 한 명이 에티오피아에 있는 모든 교회를 부수라고 명령을 내려 당시에 많은 교회들이 사라졌는데, 이 교회는 외진 곳에 있어서 많이 파손되지 않아 잘 보전되어 있다고 한다.

일 년에 한 번 돌기둥에서 성스러운 물이 나오는데, 이때는 많은 사람들이 붐빈다고 한다. 그리고 교회 내부에는 세 개의 내실이 있는데, 성스러운 곳이라 일반인에게 보여 주지 않는다고 한다. 이곳에서는 신비롭게도 일 년에 한 번 꿀이 나온다고 하는데, 이 꿀을 성직자가 내실에서 가져 나온다고 한다. 교회 내부에는 각종 벽화가 그려 있었다. 아담과 이브의 모습부터 각종 성화를 보면, 비록 기독교 신자는 아니지만 내가 알고 있는 성경의 이야기가 많이 나와 있었다. 성화는 아주 섬세히 그려져 있어서, 자세히 보면 재미있는 부분이 많이 있었다. 어떤 성화에는 악마가 있는데, 악마의 입에 사람이 들어가 있는 것도 볼 수 있었다.

정말 오래된 성화가 온 벽을 감싸고 있었다. 성화의 얼굴 모습들이 다양하게 표현되어 있어서 눈을 뗄 수가 없었다. 성화를 오랫동안 돌아본 후, 교회에서 나왔다.

아담과 이브를 그린 것 같았다.

교회 입구가 나무로 되어 있다.

교회 입구

벽에는 오래된 성화가 그려져 있다.

문지방에서 교회의 역사를 알 수 있다.

신비로운 물이 매년 나온다는 물기둥

내가 제일 좋아한 성화(악마의 입에 사람이 들어 있다)

각종 성화들

170

조개 화석을 파는 아이들

교회에서 나오니, 거의 20여 명의 아이들이 내 주위에 둘러섰다. 아이들의 고사리 손에는 조그마한 조개 화석이 들려 있었다. 아마 이 근처 어딘가에 조개 화석이 많이 나오는 곳이 있는 것 같다. 아이들은 각기 다른 형태의 조개 화석을 보여 주면서 조개 화석을 나에게 팔려고 했다.

몰려든 아이들에게 전부 다 손을 펴서 조개 화석을 보여 달라고 하니, 손을 펴서 각자의 화석을 보여 준다. 얼마냐고 물어보니 각자 다른 가격을 가지고 있었다. 어떤 아이는 조개 화석은

조개 화석을 팔기 위해 몰려든 아이들

5Birr 하는 것도 있고, 작은 조개 화석은 3개에 10Birr 하는 것도 있었다. 나는 한 개에 3Birr씩 주고 몇 개의 조개 화석을 아이들에게서 샀다.

대부분 다른 한적한 관광지에서는 아이들이 몰려들어서 돈을 달라고 하는데, 이곳에서는 자기들이 노력해 얻은 조개 화석을 가지고 팔고 있으니, 다른 지역보다는 훨씬 마음이 편했다. 물론 이 아이들이 관광객에게 물건을 팔지 않아도 될 만큼 좋은 환경에 사는 것이 가장 좋은 일이지만, 지금의 형태가 구걸을 하는 것보다는 훨씬 나은 것 같았다.

이 아이들이 보다 밝은 환경과 여건에서 생활할 수 있으면 좋겠다는 생각을 하며 메켈레로 돌아왔다.

나를 구경하러 나온 아이들

조개 화석

사라진 통장 잔고를 찾아라

은행을 가야 할 일이 생겼다. 며칠 전부터 가야 했지만, 오전에는 사무실에서 일을 하고, 오후에는 계속 현장에 갔기 때문에 은행에 갈 시간이 없었다. 물론 은행 가는 일이 즐거운 일이었다면 시간을 내어서 다녀왔을 텐데, 정말 하기 싫은 일이라 마지막 한계선에 다다를 때까지 버티다가 오늘 할 수 없이 은행에 가기로 했다.

은행에 들어가서 매니저를 찾았지만 매니저가 보이지 않아, 부매니저에게 인출을 부탁하였다. 은행에 손님이 많이 보이질 않는 이유를 물어보니, 보통 월, 금, 토요일에는 사람이 많은데, 목요일 오후에는 사람이 많지 않다고 한다. 오늘은 손님이 없으니, 금방 끝나겠다는 생각을 했다. 부매니저에게 통장과 인출을 부탁하니, 기적과 같은 일이 벌어졌다. 20분이 되니 돈이 인출되어서 내 앞에 온 것이다. '정말 이런 날도 있구나'라고 생각하고, 인출된 액수를 확인해 보니 정확하게 맞

앞다. 그냥 나오려는데, 이상하게 통장 검사를 하고 싶어서 통장을 보니, 통장 잔고의 금액이 이상하다. 저번 잔고에서 이번 인출액을 뺀 금액이 다르게 기재되어 있다. 이 사람들이 인출을 똑바로 못하는가 생각하고 부매니저를 불렀다.

3번째 잔액(Balance)이 37,094.57이고 인출(Withdrawals)을 20,000 했는데 잔액이 15,694.57이 되었다. 실제 계산하면 잔액이 17,094.57이 되어야 된다.

잔액이 이상하다고 하니까, 직원이 통장을 가지고 왔다 갔다 한다. 5분쯤 지나니 통장을 가지고 왔다. 이제 바로 되었겠지 하고 보니 더 황당하다. 돈의 잔액을 정정하지는 않고, 내가 출금하지도 않은 5월 12일에 1,400Birr(140,000원)를 인출한 것으로 통장에 기재해서 가지고 왔다. 내가 출금한 금액의 잔고를 정확하게 기재해 달라고 했지, 인출한 적도 없는 내용을 기재해서 오면 어떻게 하냐고 이야기했다.

그때 매니저가 나타났다. 매니저에게 난 12일에 출금한 적이 없는데, 출금된 것으로 되어 있다고 하니까, 매니저도 12일에 나를 본 적이 없기 때문에 무엇인가 착오가 있는 것 같다며 전표를 찾아서 확인해 보

DATE	WITHDRAWALS	DEPOSITS	INTEREST	BALANCE	INITIAL
22/04/08	INT. USE	100.00		100.00	
3/5/08		46.994.5?		47.094.5?	
3/5/08	10.000			37.094.5?	
15/5/08	20.000	Revel		15.694.5?	
Cr. By				37.09+.5?	
12/5/08	1.400.			35.694.5?	
15/5/08	20.000				

6번째 난에 갑자기 5월 12일에 1,400을 출금한 것으로 적어서 가지고 왔다.

라고 직원에게 시켰다. 그리고 12일은 월요일이었기 때문에 은행이 아주 바빴다고 이야기해 주었다.

다시 20분 정도가 지나서 사건의 전모가 밝혀졌다. 5월 12일에 컴퓨터에 입력하는 사람이 통장번호를 잘못 입력했던 것이다. 미안하다면서 잔고를 정확하게 고친 통장을 가지고 와서 보여 주고는 다시 통장을 들고 사라져 버렸다.

통장은 해결되었는데, 잔고 조정(Credit advice)은 기다려 달라고 한다. 30분이 지나니 종이 한 장을 내 앞에 내밀면서, 1,400Birr를 조정한 내용이 상세히 설명된 용지를 가지고 와서 설명을 하였다. 아마 조정된 내용을 전산상으로 기록해 놓기 위해서 근거를 남기고 내 사인을 받는 것 같았다.

명세표에 적혀 있는 내용은 "내 통장번호는 49282인데, 2008년 5월 12일에 통장번호가 49182인 Kibrom Hailayr가 인출해 간 1,400Birr를 2008년 5월 15일부로 오류를 정정한다"라고 되어 있었다.

명세표에 사인을 해 주고 한 장은 내가 가지고 나왔다. 오늘따라 은행 일이 빨리 끝이 나서 좋아했었는데, 결국 평상시나 오늘이나 차이가 없다. 하나가 해결되면 다른 하나가 문제를 일으키니, 소요되는 시간은 결국 똑같다.

그래도 다행이다. 이번 달에는 더 이상 은행 갈 일이 없으니…….

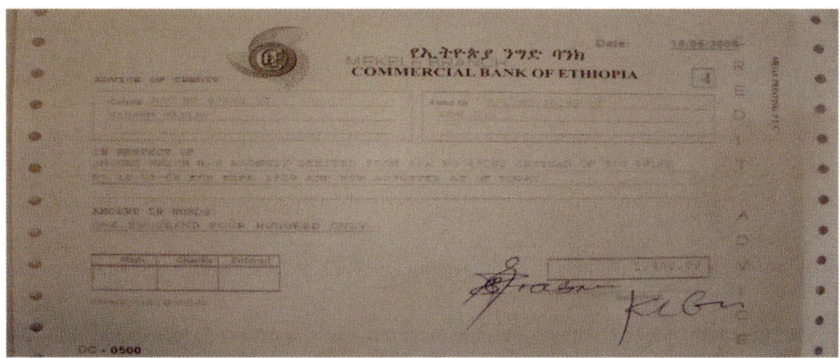

Credit Advice 시트

오늘 왔다 갔다 했던 내 통장

호텔 벽에 사진 붙이기

오늘은 사진관에 가서 사진을 인화하였다. 현장사진과 참고사진을 인화하면서 가족사진도 같이 인화했다. 디지털 파일을 한 장 인화하는 금액은 3Birr(300원)이었다.

인화한 사진을 가지고 호텔에 왔는데, 어디에 두는 것이 좋을까 고민을 하였다. 책상 위에 둘까, 벽에 붙일까 등 이것저것 생각하다가 벽에 길게 붙이기로 하였다. 사진을 붙이고 나니, 방이 달라 보이는 것 같았다.

에티오피아에서 한국까지 국제전화비가 1분에 12Birr(1,200원) 정도 하니, 가족들과 마음 놓고 통화도 하지 못한다. 호텔에서는 인터넷 접속이 되지 않으니, 메신저와 같은 방법으로 가족과 연락하기도 힘들다. 전화를 해서, 아이들과 이야기를 좀 하고 아내와 한국 이야기를 하다 보면 10분이라는 시간이 금방 지나가 버린다. 현지의 통신 상태가 오

후 5시부터 저녁 8시까지는 사람들이 휴대폰을 많이 사용하기 때문에 좋지 않아서, 이 시간에 국제전화는 거의 불가능에 가깝다. 지금 전화 회선을 증설하고 있어서 증설이 되면 좋아진다고 하지만, 내가 해외 파견근무를 마칠 때까지 좋아질지는 의문이다.

집과 통화를 할 때는 한국에서 분당 200원 정도 하는 전화카드를 이용해서 나에게 전화를 걸고 있다. 나는 아내에게 한국로밍폰으로 문자를 보내서 에티오피아로 전화를 걸도록 하지만 이것도 잘 되지 않을 때가 많다.

에티오피아에 오기 전 캄보디아에서는 카페나 호텔에서 인터넷 화상통화를 할 정도로 좋은 인터넷 환경에 있다가, 여기서는 전화비 걱정을 하고 있다. 많은 사람들이 아프리카를 오지라고 생각하는데, 워낙 멀리 있기도 하지만 가족들이 비행기값 때문에 방문 할 엄두를 못 내고, 시차와 열악한 통신 사정도 그렇게 생각하는 한 가지 이유인 것 같다.

가족들 사진 7장을 내 방에 붙이니, 왠지 같이 온 듯한 기분이 든다. 쓸쓸한 내 방이 사진 7장으로 이렇게 달라질 수 있다는 것에 놀랐다.

사진을 붙인 내 방

　오후에 차를 타고 퇴근하면서 거리를 보는데, 저 멀리 있는 자전거의 모습이 좀 이상했다. 자전거 타고 가는 남자 뒤로 까만 물체가 움직이고 있었다. 사진을 찍고 싶어서 운전기사에게 천천히 가라고 지시를 하였다. 움직이는 것을 자세히 보니 염소였다.

　염소를 운반하는데, 아이처럼 염소를 업고 자전거를 타고 가는 것이다. 사진을 여러 장 찍었지만, 차도 움직이고 자전거도 움직이니 잘 나오지 않았다.

　에티오피아에서 내가 하는 취미거리는 여러 가지 모습을 사진으로 찍는 것이다. 물론 작품사진은 아니지만, 내 나름대로 재미있고 신기한 모습을 찍으려고 노력한다.

　자전거를 타고 가는 사람도 힘들겠지만, 염소도 너무 힘들어 보였다.

염소를 업고 가는 자전거를 탄 사람모습(옆으로 메켈레 번화가에 있는 가게들 모습)

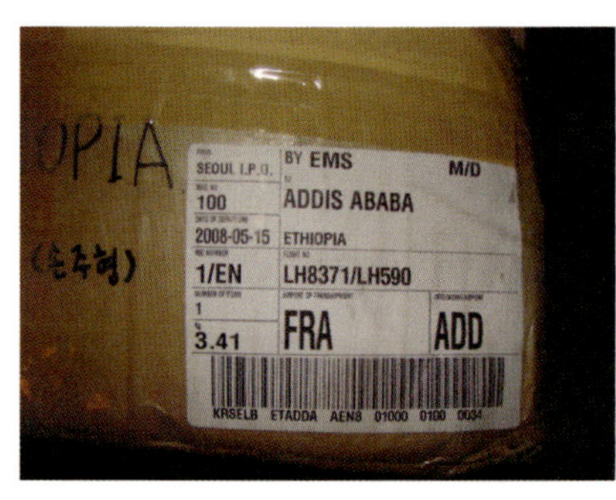

소포박스

한국에서 소포가 왔다고 준수 씨로부터 전화가 왔다. 나는 별도의 사서함을 개설하지 않고 준수 씨의 사서함을 같이 이용하고 있다. 아프고 난 이후에 죽이 먹고 싶기도 하고, 음식은 관세나 다른 문제도 없다고 해서, 시험 삼아 인스턴트 죽과 다른 몇 가지를 소포로 보내 달라고 하였다.

해외에서 처음 받아 보는 소포이다. 여태까지는 한국식품점이나 일반 쇼핑몰에서 물건을 구할 수 있어서 소포를 받을 필요가 없었는데, 에티오피아에서는 그렇지가 않다.

에티오피아에서 국제 소포를 받을 때는 우체국에서 주인의 입회하에 소포를 풀어 보고 돈이 나가는 물건에 관세를 부과하는데, 전자제품만 아니면 관세가 없다고 하였다. 우체국에 가서 소포를 받았는데, 오늘은 검사도 하지 않고 준수 씨에게 건네주었다. 준수 씨가 소포를 밖에서 기다리고 있던 나에게 전해 주었다. 군대생활을 할 때 소포를 받는 것처럼 가슴이 뭉클했다.

사무실에 와서 소포를 열었다. 라면과 죽, 수프, 튜브형 고추장, 어버이날에 딸아이가 적은 카드와 선물(스티커와 볼펜)이 들어 있었다. 각각의 포장이 터지지 않게 한 개씩 비닐 랩으로 완전히 밀봉되어 있었다. 박스를 완전히 채우기 위해서 집에서 몇 번 넣었다 뺐다 한 것 같다. 다시 닫아서 호텔에 가지고 가려고 하니 박스가 처음처럼 닫히지가 않는다.

한국에서 에티오피아까지 소포비용은 1kg에 약 2만 원 정도 된다고 하였는데, 안에 있는 물건의 가격을 모두 합쳐도 운송료의 절반이 되지 않는 금액이다. 라면 한 개가 2천 원은 넘을 것 같다. 소포에 붙어 있는 스티커를 보니, 독일 프랑크푸르트를 거쳐서 에티오피아 아디스아바바로 온 것 같았다. 한국에서 에티오피아까지 일주일이란 시간밖에 걸리지 않았다. 우편료는 비싸지만, 정말 빨리 도착한 것을 보고 나도 놀랐다.

에티오피아는 개발도상국이지만, 우편이나 각종 시스템이 생각보다 잘 짜여 있다. 그래도 옛날에는 아프리카에서 잘살았던 나라였기 때문인 것 같다. 아이들의 카드를 읽으면서, 즐거움과 그리움이 동시에 밀

려왔다. 보고 싶기도 하고…….

 아이들에게 아빠가 근무하는 곳이 어떤 곳인지 눈으로 보여 주고 싶어서 요즘 동영상을 찍고 있다. 메켈레의 모습을 동영상으로 찍어서 메일로 보낼 생각이다. 물론 속도가 느리니 아주 작은 파일로 만들어서 보내야겠지만…….

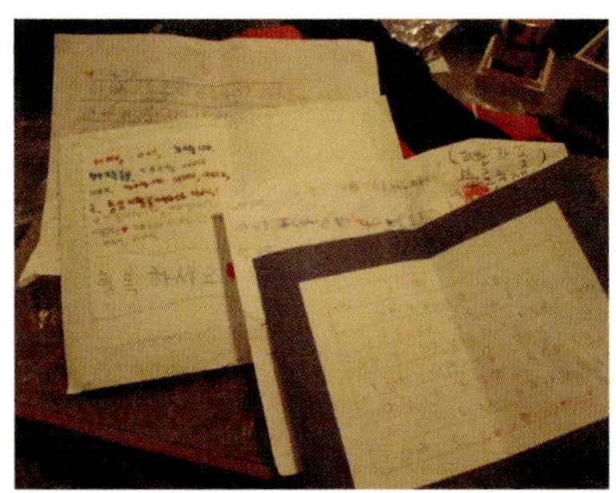

아이들이 보내 준 카드

소포를 열어 보니 각종 죽 제품들이 엄청나게 많다(라면은 한두 개).

에티오피아에 온 지 40일이 넘어가고 있는데, 하루가 다르게 물가가 치솟고 있다. 한국의 물가도 엄청나게 오르고 있다고 하는데, 이곳의 물가는 거의 살인적이다. 처음 메켈레에 도착했을 때는 2리터짜리 생수가 5Birr(500원)이었는데, 오늘은 7.5Birr(750원)에 생수를 샀다. 40일 만에 정확히 50%가 올랐다. 최근에는 생수를 사기 위해 가게에 가더라도 생수가 없어서 아예 살 수가 없다. 주인에게 언제 생수를 갖다 놓느냐고 물어보면 자기들도 모르겠다고 한다.

이곳의 물가가 치솟는 가장 큰 이유는 비가 오지 않기 때문이다. 비가 오지 않으면 농산물 생산량이 낮아지기 때문에 생산물 가격이 올라간다. 가뭄으로 인해 수력발전소가 대부분인 곳에서는 발전량이 줄어든다. 정전이 많이 되면 자체 발전기를 많이 가동해야 되기 때문에, 유류 사용량이 늘어나서 유류 공급이 부족하게 되고, 그러면 유류가격이 인상되고, 유류가격 인상은 곧 물류비용 상승으로 나타난다. 또 제품을 생산할 때 발전기를 사용해야 하므로 생산원가가 상승하게 되고 제품 가격 또한 올라간다. 가뭄이 심각해지면, 다양한 곳에서 여파가 너무 빨리 나타난다. 비가 내리지 않으면 식수가 부족하여 위생상태가 불량한 물을 먹게 되고, 잘 씻지 못하게 되므로 사람들의 건강 상태가 나빠진다. 또 풀이 말라서 가축들이 먹을 것이 없어지고, 먹을 물이 부족하기 때문에 가축 사육을 포기하는 사람이 많아져 일시적인 가축 가격 폭락이 나타난다. 개발도상국에서는 이런 어려움이 발생하면 해결할 여력이 부족하기 때문에 문제의 여파가 점점 더 커져서 악순환이 계속된다.

어떻게 보면 내가 에티오피아에서 하고 있는 일들이 비가 오지 않았을 때 발생하는 문제를 줄일 수 있는 일이므로 아주 소중한 일처럼 느껴진다. 마을 주민들이 항상 안전한 식수를 공급받을 수 있게 되면 그들의 삶의 질도 향상될 것이다.

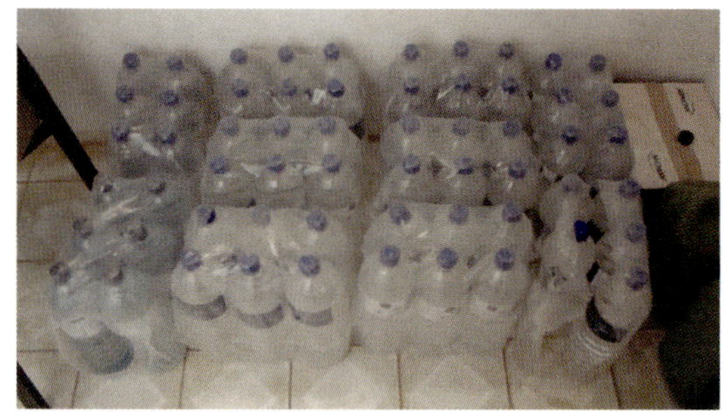

생수를 왕창 샀다.

매일 악슘호텔 레스토랑에서 밥을 먹으니, 이제는 내 나름대로 어울리는 음식을 시켜서 먹는다. 한국음식과 최대한 비슷하게 먹을 수 있는 방향으로 음식을 주문한다. 이를테면 참치볶음밥과 계란프라이를 시켜서 계란을 밥 위에 올려 중국집에서 주는 볶음밥 같은 형태로 먹는다.

쫄면이 먹고 싶으면, 스파게티를 시켜 놓고, 얼마 전에 소포로 받은 튜브형 초고추장을 뿌려서 비벼 먹으면 나름대로 쫄면이 된다. 또한 우동이 먹고 싶으면, 스파게티 면과 야채수프를 조합하면 우동이 된다(홍콩사람이 메켈레에 있으면서 악슘식당에 중국식 야채수프를 전수해 주고 갔다). 또 매운 고추를 넣으면 짬뽕은 아니지만 매운맛으로 시원하게 먹을 수 있다.

맛은 다르지만 모양이라도 비슷하게 해서 먹으려고 노력하고 있다. 한국의 구내식당은 메뉴라도 계속해서 바뀌는데, 악슘호텔 레스토랑에

서는 늘 같은 음식만 먹다 보니, 요즘은 새롭게 시도할 수 있는 게 뭐가
있을까 생각하며 식사를 한다.

참치볶음밥과 계란프라이

야채스프에 스파게티 면

전 세계가 곡물 파동으로 난리가 난 것 같다. KBS월드의 뉴스에서는 별 이야기가 없지만, CNN, BBC, 알자지라 방송에서는 매 시간마다 곡물 가격 인상에 대해서 이야기한다. 일본의 라면 가격이 폭등하는 이야기부터, 파키스탄에서 쌀을 수출하지 않기로 했다는 이야기, 이집트에서 사람들이 식량 가격 폭등으로 시위를 한다는 이야기 등 전 세계가 곡물 가격 인상으로 난리인데, 오히려 한국뉴스는 너무나 조용하다.

나는 농업 관련 회사를 다니기 때문에 식량 부분에 특히 관심이 간다. 지금은 한국이 쌀을 자급자족하고 있기 때문에, 심각성을 모르고 있다는 생각이 들었다.

최근 메켈레에도 변화가 생겼다. 이집트의 식량 수출 금지 정책으로 여태까지 계속 사 먹던 이집트 쌀이 더 이상 들어오지 않는다. 쌀값은 계속해서 오르고 있다고 하는데, 실제로 쌀을 살 수 있는 곳이 없어졌다고 한다. 나를 제외한 메켈레에 있는 모든 한국사람들이 각자의 집에서 음식을 만들어서 살고 있기 때문에, 쌀을 팔지 않고 있으니 밥을 먹지 못하고, 빵이나 다른 것으로 식사를 해결하고 있다. 호텔에서도 참치볶음밥을 시키면 옛날보다 훨씬 질이 떨어진 쌀로 밥을 하는 것을 한눈에 보아도 알 수 있지만, 밥을 먹을 수 있다는 것에 만족해야 한다.

오늘은 오랜만에 은철 씨 집에서 저녁을 먹기로 했다. 인터넷 때문에 은철 씨가 있는 기관에 갔다가, 같이 저녁을 먹기로 했다. 슈퍼에 가서 저녁에 먹을 반찬거리를 샀는데, 문제는 지금 집에 쌀이 거의 다 떨어졌다고 한다. 쌀을 사려고 몇 군데를 둘러보았으나 쌀이 없다고 한다. 쌀을 사는 것을 포기하고 참치통조림을 사기 위해서 슈퍼로 갔는데, 그곳에 가니 이탈리아에서 나온 가공쌀을 팔고 있었다. 이 가공쌀은 리조또용으로 가공되어 비닐에 진공 포장된 비싼 쌀이었지만, 저녁에 밥을 먹기 위해서 리조또용 쌀을 샀다.

한국에는 몇 년간의 쌀을 비축해 놓고 있어서 이런 경우는 발생하지도 않지만, 식량 위기라는 단어를 접할 때 막연히 가격이 높아지는 거라고 생각했었다. 그런데 쌀을 팔고 있던 가게들이 쌀을 팔지 않는다고 하니, 식량 위기의 심각성이 피부에 바로 와 닿는 것 같았다.

어쨌든 저녁에 한국인 몇 명이 모여서 은철 씨 집에서 맛있는 저녁을 먹었다.

오늘은 호텔 바로 앞에 있는 조그마한 인터넷 카페에 가 보기로 했다. 시내에 있는 여러 인터넷 카페에 가 보았지만 인터넷 속도도 신통치 않아서 몇 번 가다가 포기하고 살았는데, 갑자기 메일을 보내야 될 일이 생겨서 인터넷 카페에 갔다. 내 노트북을 이용해서 메일을 보내려고 하니 안 된다고 한다. 인터넷 카페에 있는 컴퓨터를 이용해서 메일에 접속을 하였다. 속도가 정말 느리다.

인터넷 카페

파일을 하나 보내야 하는데, 언제 전송이 끝날지 모르겠다. 한국에서는 전송되기까지 2~3초도 걸리지 않을 조그마한 파일인데, 이곳에서는 20~30분은 걸릴 것 같다. 파일이 가는 도중에 끊어져 버리면 다시 보내야 하니, 끊어지지 않기만을 바라며, 인터넷 카페를 둘러보았다.

책장에 교과서 같은 책들이 꽂혀 있어서 물어보니 학생들이 보는 교과서라고 한다. 책장에는 새 책도 있고, 낡은 책도 있다. 그리고 대학에 들어가기 위한 졸업시험 문제집도 있었다. 영어책, 수학책 등은 영어로 적혀 있었지만 내가 옛날에 공부했던 교과서와 내용은 비슷한 것 같았다.

에티오피아에서 중학교부터는 무조건 영어로 수업을 한다. 암하릭어가 국가의 공식 공용어이지만 영어로 수업을 통일함으로써, 부족들 간의 공통된 언어를 가지도록 하는 것이 아닌가 생각했다.

물론 에티오피아 공식어는 암하릭어지만, 내가 만나는 대부분의 티그라이주 마을주민들은 티그라이어만 사용한다.

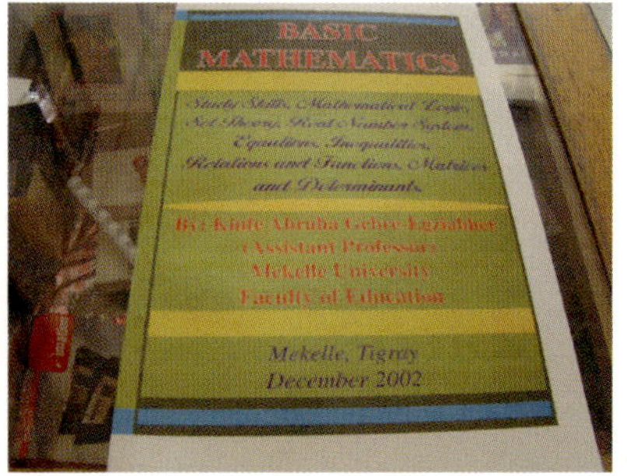

책장

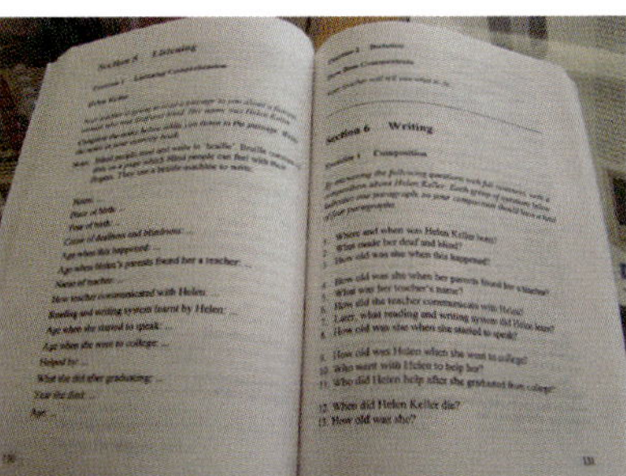

수학책

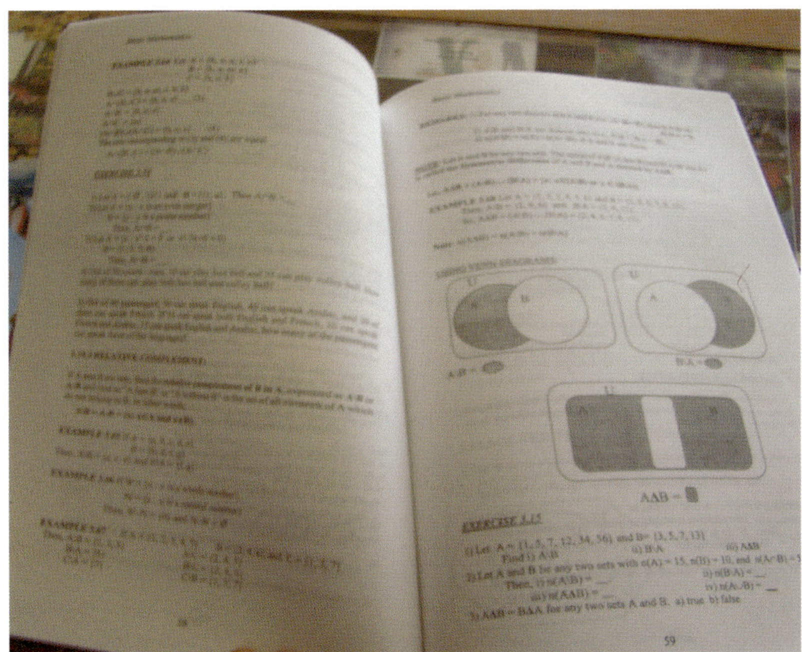

졸업시험 문제집

결혼식 행렬

일요일이다. 새벽에 일어나서 TV를 보다가 아침을 먹고 다시 잠을 잤다. 그런데 밖에서 자동차 경적 소리가 계속해서 요란하게 들린다. 결혼식 행렬이 시작된 것 같다. 요즘에는 일요일만 되면, 한 시간에 한 번 정도로 결혼식 행렬의 자동차 경적 소리를 쉽게 들을 수 있다. 아직까지 에티오피아인들의 결혼식에 직접 참석해 보지는 못했지만, 결혼식을 마치고 친척들과 친구들이 같이 온 시내를 경적 소리를 울리면서 돌아다닌다.

호텔 주변으로 지나가는 결혼식 행렬 차를 찍기 위해서, 카메라를 들고 도로가 보이는 창문으로 갔다. 맨 앞에 있는 차량이 경적을 울리면, 뒤에서 있는 차들이 따라서 경적을 울린다. 경제적인 여유가 있는 사람일수록 차량 행렬이 길어지는 것 같다. 내가 보았던 가장 고급스러운 거리 행렬은 벤츠 차량에 선루프를 열어서 신랑, 신부가 올라가서 손을 흔드는 것이었다. 악기를 연주하는 사람들이 픽업트럭 위에서 연주를 하면서 따라가고, 비디오 기사도 픽업트럭에서 결혼 행렬을 계속해서 촬영하기도 한다.

어느 나라든 결혼식은 고유한 문화가 있고, 즐거움이 있는 행사 중에서 하나인 것 같다. 아마 다른 도시로 이동하기에는 도로 상태가 좋지 않아서 교통이 불편하기 때문에, 별도의 신혼여행은 가지 않고 시내에서 차량 행렬을 하는 것 같다. 오늘은 몇 번의 결혼 행렬을 보게 될지 모르지만, 모든 신혼부부가 잘 살기를 기원한다.

결혼식 행렬에 사용하는 차량들

차량이 행렬을 이루면서 따라간다.

시내에는 결혼식 행렬을 위해서 주말에 장식을 해 놓고, 택시같이 운행하기도 한다.

헬스클럽

요즘에는 거의 매일 저녁, 헬스클럽에 다니고 있다. 이 곳에는 우리가 말하는 헬스클럽을 짐(GYM)으로 부른다. 한국에 있을 때 매일 헬스클럽에 가는 것은 게으른 나에게는 거의 불가능한 일이었다. 야근, 저녁약속과

각종 핑계로 헬스클럽이나 운동은 거의 등한시하고 살았다.

그렇지만 메켈레에서는 저녁시간에 술자리도 없고, 만날 친구도 없고, 야근을 하려고 해도 전기가 잘 들어오지 않으니 사무실에 있을 수도 없고, 호텔에 들어오면 인터넷이 되지 않으니 텔레비전을 보는 것

이외에 할 수 있는 일이 없다. 그래서 매일, 저녁을 먹고 7시부터는 헬스클럽에 간다. 사무실에서 앉아서 주로 일을 하고, 대부분 차를 타고 이동을 하니 헬스클럽에서 몸을 피곤하게 만들어서 잠이라도 잘 잘 수 있도록 하는 것이 몸을 위한 최선의 방법이다. 그리고 고산 지대이기 때문에 꾸준한 운동과 영양제를 복용하지 않으면, 낮은 지대에서 살던 사람들은 건강을 지키기가 어렵기 때문에 운동을 해야 한다.

헬스클럽에 가면 러닝머신을 주로 이용하는데, 최근에는 워낙 정전이 자주 되어서 러닝머신이 갑자기 멈추어 버릴 때를 대비해서 항상 손잡이를 잡고 운동을 한다. 정전이 자주 되기 때문에 장비들이 금방 고장 나는 것 같다. 전기를 이용하는 자전거나 러닝머신은 하나가 고장 나면 일주일이 지나야 하나가 고쳐지는데, 그 때에는 또 다른 하나가 다시 고장이 난다.

악슘호텔에 있는 헬스클럽은 시설이 좋아서, 외국인(5명 정도)들이 많고, 현지인들은 경제적으로 여유가 되는 사람들이 오는 것 같다.

주말에는 거의 아무도 나타나지 않는다. 주말에 나와서 운동을 하는 사람은 얼마 전에 다시 돌아온 박 과장님과 나 그리고 한두 명의 사람밖에 없다. 주말에는 현지인들은 각자 사람들을 만나고 해서 운동을 하러 오지 않는 것 같다.

살이나 좀 빼고 한국에 돌아갈 수 있으면 좋겠다.

헬스클럽 내부 모습

남부 지방으로 출발

한 달 만에 아디스아바바로 왔다. 이것저것 처리해야 할 업무가 많이 있고 메켈레 사무실에 필요한 물건을 사러 다녔다.

이번에는 공휴일을 끼워서 남부 지방을 둘러보기로 했다. 항상 북부 지방에 있으니 남부지방은 어떻게 생겼는지 알 수가 없었는데, 이번에 용기를 내어서 갔다 오기로 했다.

남부지방에 가기 위해서, 아디스아바바의 여행사와 이야기를 했다. 여행사라고 하지만 한두 대의 차를 가지고 있고, 운전사를 제공해 주는 사람이다. 렌터카 운전기사는 가이드가 된다. 우리는 렌터카 임대비와 운전사의 출장비만 렌터카(여행사) 사장에게 주고, 호텔비, 입장료, 기름값은 전부 내가 직접 지불하기로 했다. 기름값을 렌터카 가격에 포함하면, 렌터카 기사가 이곳저곳 다니는 것을 별로 좋아하지 않는다. 기름을 많이 사용하면 자기들 이익이 줄어들기 때문이다. 일정을 마음대로 변경하면서 다닐 수 있는 기름값을 별도로 계산하는 것이 훨씬 여행하기가 편하다.

아침 7시에 일어나니 호텔 앞에는 도요타의 사륜구동차인 랜드 크루저가 있었다. 오늘은 아디스아바바에서 아르바민치까지 가기로 되어 있다. 아침부터 비가 조금씩 내린다. 운전기사를 포함해서 렌터카 비용을 7,000Birr(70,000원)로 하기로 했다. 랜드 크루저가 좀 오래되어서 렌터카 비용이 저렴하였다. 보통 랜드 크루저는 9,000Birr 정도는 주어야 한다고 들었는데, 일단 저렴한 비용으로 움직일 수 있어 다행이다.

아디스아바바에서 아르바민치까지의 거리는 510km이고, 차로 약 10시간이면 갈 수 있다고 한다. 아디스아바바를 벗어나서 조금씩 남쪽으로 내려가니, 주변 색깔도 점점 녹색으로 달라진다. 아프리카 초원과 같은 형태를 보이는 곳도 있고, 평야 지대도 있었다. 북부 지방은 돌과 황무지로 이루어져 있어서, 이런 모습은 거의 보기 힘들다. 집들이 형태도 남부 지방으로 내려 갈수록 재료가 달라졌다. 메켈레에서는 집을 돌을 이용해서 만드는데, 남부 지방에서는 나무와 흙을 이용해서 집을 만들고 있었다. 주변에서 구하기 쉬운 재료를 이용하기 때문에 건축 양식이 달라지는 것 같다.

점심을 먹기 전에 카페에 들어가서 차를 마시자고 하였다. 처음 도착한 곳은 ZIWAY TOURIST HOTEL이다. 이 호텔도 역시 정전이다. 음료수가 무엇이 되는지 물어보니, 차가운 음료수는 하나도 없고, 커피만 가능하다고 한다.

커피만 시켜서 잠깐 휴식을 취하고, 다시 출발하기로 하였다.

이번 여행을 함께한 랜드 크루저와 운전기사(차 루프에는 기름통)

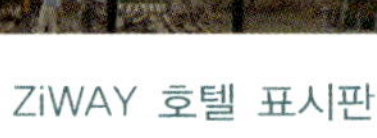

ZiWAY 호텔 표시판

510km를 하루에 가려고 하니, 운전기사가 속도를 내어서 달린다. 아디스아바바 근처는 아스팔트로 이루어진 포장도로여서 속도를 내어도 별문제가 되지 않았는데, 아디스아바바에서 멀어질수록 도로 상태가 아주 좋

작은 버스 정류장 모습

지 않다. 포장도로라고 하지만 도로 중간에 파여 있는 구멍들 때문에 달리는 속도를 갑자기 줄여야 해서, 조금 달리다가 급브레이크를 밟아서 속도를 줄인다. 비포장도로는 노면만 좋지 않을 뿐 오히려 속도는 관리가 되지 않은 포장도로보다 훨씬 더 빠르게 달릴 수 있고 승차감이 좋다.

샤샤마네의 식당 간판

　좀 천천히 가자고 하니, 이렇게 하지 않으면 밤에 아르바민치에 도착하기 때문에 열심히 가야 한다고 한다. 달리는 중간 중간에 작은 마을들이 계속해서 나타났고, 이제는 거의 점심시간이 되었다. 중간에 있는 큰 도시인 샤샤마네(Shashemene)에서 점심을 먹을 수 있다고 한다.

　점점 샤샤마네에 도착하는지 사람들이 조금씩 늘어나고 있다. 샤샤마네는 남부 지방의 교통의 요충지이기 때문에 많은 차들이 붐비고 있었다. 이곳에서 아르바민치와 아루샤로 가는 길이 갈라진다. 동쪽 지방으로 가는 길도 샤샤마네를 지나간다. 많은 화물차와 차들이 이곳에서 쉬었다가 움직이는 것 같았다. 운전기사가 식당을 선택하고, 차를 식당 앞에 주차하였다.

　점심을 먹으러 간 곳은 호텔이 아닌, 이곳의 현지인들이 먹는 레스토랑이었다. 점심을 시키기 위해서 메뉴판을 달라고 하니, 메뉴판이 없다고 한다. 에티오피아 사람들이 즐겨 먹는 것을 시키면 될 것 같아서,

나는 인젤라만 시켰다. 일행 중에 한 사람은 양고기가 맛있다고 양고기를 먹었지만, 나는 양고기를 좋아하지 않아서 점심으로 인젤라를 핫소스에 찍어서 먹었다.

우리 일행이 시킨 음식은 현지사람들이 가끔씩 먹는 별식만 시킨 것 같았다. 빵과 밥 종류를 시켰는데, 현지인에게는 어쩌다 한 번씩 먹는 별식에 가까운 것들만 시키게 되었다. 운전기사의 음식은 양고기에 인젤라였는데, 에티오피아 사람들이 일상적으로 먹는 식사를 시킨 것 같았다.

난 인젤라와 콜라로 배를 채웠다.

샤샤마네 시내 모습

전통적인 에티오피아인의 점심
(인젤라, 양고기 그리고 매운 소스)

우리가 주문한 점심

점심을 먹고 다시 차를 타고 달리기 시작했다. 남부의 어떤 지방으로 들어가니, 운전기사가 우리에게 주의 사항을 알려 준다. 지금부터는 창문을 닫고 움직여야 하고, 절대 창문이나, 차 문을 열어서는 안 된다고 한다. 혹시 강도가 나타나더라도 무조건 차는 달린다고 한다. 에티오피아 남서부 지방에는 소말리아 주가 있다. 소말리아 주는 해적들로 유명한 소말리아와 바로 붙어 있는 주이다. 이곳에는 소말리아에서 나오는 무기류를 쉽게 구할 수 있기 때문에 강도들이 많고, 다른 에티오피아 지역과 차이가 난다고 한다.

그 말을 들으니 갑자기 겁이 나기는 했지만, 한두 시간 정도 되는 이 도로만 지나면 안전하다고 하니, 일단 창문을 전부 다 올리고 문을 잠그고 창문을 점검했다.

오후 4시가 되어서 소도(Sodo)라는 도시에 도착하였다. 아디스아바바에서 출발해서 오후 4시까지 점심을 제외하고는 계속해서 차가 달리고 있는 것이다. 나도 피곤한데, 운전기사는 얼마나 피곤할까란 생각이 들었다. 소도는 아르바민치로 들어가는 도로와 다른 도로가 갈라지는 도시인데, 많은 차량들이 쉬어 가는 것 같았다. 소도에서 내려 카페에서 잠깐 쉬기로 했다. 카페는 제과점을 같이 하고 있었는데, 화로에다가 나무로 불을 조절하여 빵을 굽고 있었다.

운전기사가 소도(Sodo)를 넘어가면서 길이 나빠진다고 한다. 우리의 목적지인 아르바민치까지 2시간에서 3시간 정도 걸릴 것이라면서, 어두워지면 속도를 내기 어렵기 때문에 빨리 가자고 재촉을 한다.

소도를 지나 관리가 전혀 되지 않는 포장도로를 달리는데, 갑자기 운전기사가 차를 정지시켜서 내렸다. 이곳은 잠깐 쉴 만한 공간도 아닌데 갑자기 서서 이상한 생각이 들었다. 운전기사가 차를 한 바퀴 둘러보더니, 타이어가 펑크가 났다고 한다. 차량 뒤쪽에 있는 타이어를 꺼내고, 장비를 이것저것 챙기기 시작했다. 우리가 무엇을 도와줄까 물어보니, 그냥 있으라고 한다.

아주 능숙한 솜씨로 타이어를 교체하는데, 10분 정도의 시간밖에 걸리지 않았다. 정말 자주 갈아 본 솜씨처럼 군더더기 하나 없는 동작으로 능수능란하게 타이어를 교체했다. 정말 운전기사의 타이어 교체 솜씨는 예술에 가까웠다.

타이어를 교체하고 난 이후부터 운전기사가 속도를 많이 내지 않는다. 아마 스페어타이어가 없기 때문에, 문제가 발생되면 안 되기 때문에 천천히 운전하는 것 같았다. 시간이 점점 지나서 6시가 넘어가니 조금씩 어두워지다가 7시가 지나니 주변에는 불빛이 하나도 없다. 가로등도 없고, 주변에 인가가 있더라도 전기가 없으니 깜깜하다. 차의 전조등과 따로 설치된 서치라이트 불빛이 엄청나게 밝다.

저녁 7시 30분 정도가 되니, 에티오피아 전통 의상인 하얀색 옷을 입은 사람들이 한 명씩 보이기 시작한다. 점점 흰옷

차를 세우고 펑크 난 타이어를 갈고 있다
(앞바퀴가 펑크가 나 버렸다).

을 입은 사람들이 많아지더니, 8시가 되어서야 아르바민치에 도착할 수 있었다.

시내는 금요일 저녁이라 그런지 많은 사람들이 있었다. 처음에는 Tourist Hotel로 갔다. 그런데 우리가 도착한 시간에는 방이 하나만 남아 있었다. 시내 한복판에 있어서 사람들이 많이 이용하는 것 같은데 우리가 너무 늦게 온 것 같다. 그래서 Swayne's Hotel로 갔다. 시내에서 약 4km 정도 떨어져 있었지만 경치는 좋다고 한다.

Swayn's Hotel에 도착하였다. 밤이라 그런지 호텔이 좋은지 나쁜지도

모르겠고, 일단 방이 있는지 확인을 하고 무조건 잠을 자기로 했다. 호텔방은 에티오피아 전통가구와 문양으로 꾸며져 있었다. 우리들은 싱글룸을 달라고 했지만, 방에는 침대가 두 개 있었다. 더블을 달라고 하나, 싱글을 달라고 하나 방은 똑같을 것 같았다.

저녁을 못 먹었기 때문에 호텔에서 늦은 저녁을 먹기로 했다. 9시가 다 되어서야 간단하게 식사를 할 수 있었는데, 저녁을 늦게 먹어서 그런지 정말 맛있었다.

내일 아침에 다시 렌터카 기사와 만나기로 하고, 각자 방에 들어가 쉬었다.

Swayn' s Hotel 실내

여행사 사장이 알려 준 일정대로 돌즈마을(Dorze Viliage)로 가기로 했다. 아르바민치는 고도 1,200m에 있는데, Dorze Village는 2,500m에 있다. 차를 타고, 거의 40분 만에 1,300m 높이가 되는 산을 올라갔다. 1분당 30m 이상을 계속해서 올라간 것이니, 가파른 길만 계속해서 올라간 것이다. 워낙 경사가 급해서 일반 승용차로

올라가려면 훨씬 더 많은 시간이 필요할 것 같았다.

중간에 제법 큰 어느 마을에서 잠깐 멈추었다. 운전기사가 휴대폰으로 전화를 하니, 가이드로 보이는 사람 한 명이 나타났다. 가이드가 나

바나나 잎을 이용해 만든 전통가옥

타나면 우선 흥정이 시작된다. 전통마을을 설명해 주고, 일반 가정집에
까지 들어가는 가이드 비용이 일인당 25Birr인데 예상했던 비용과 동일
해서 흥정이 금방 끝났다.

　다시 차는 출발해서, 돌즈마을에 도착하였다. 우리 외에 다른 관광
객은 하나도 없어 한적해 보였다. 우리는 가이드를 따라서 가이드 부
모님 댁으로 들어갔다. 어머니, 형님, 자기 가족들이 살고 있다고 한다.
씨족 체제를 따르고 있어서, 부모가 중간에 가장 큰 집에 살고, 마당의
빈 공간에 자식들이 결혼을 하면 작은 집을 짓고 산다고 한다. 큰아들
은 가족 수가 많아지면 근처로 다시 큰 집을 지어서 독립을 하고, 다시
큰아들 가족이 살던 집은 작은 아들이 결혼을 해서 산다고 한다. 부모

와 큰아들 가족만 사는 것도 아니고, 여러 채의 집을 만들어서 여러 명의 아들이 같이 사는 집도 있다고 한다. 집을 만드는 대부분의 재료는 바나나 나무에서 해결을 한다. 집 내부 중간에는 불을 지펴서 취사 겸 난방을 해결하고, 가축이 집 안에서 같이 사는 것이다. 가축 자체가 큰 재산이기 때문에 집 안에 별도의 공간을 마련해 놓고, 가축과 같이 지내기 때문에 위생상으로는 열악하지만, 나름대로 작은 공간을 잘 활용하고 있었다.

집 안에서 나와서 뒤뜰에 있는 바나나 밭에서 바나나 빵 만드는 과정을 보았다. 먼저 바나나의 줄기의 뒷부분을 갈아 내었다. 갈아 내는 도중에 신기하게도 흰색 가루가 조금씩 나왔다. 흰색 가루를 모아서 바나나 잎에 싸서 몇 달간 숙성을 한다. 얼마나 많은 바나나 줄기를 갈아야 될지, 빵을 만들 만한 양의 바나나 줄기 가루가 나오는지는 모르겠지만, 바나나 줄기 가루를 구워서 바나나 빵을 만든다고 한다. 각 과정을 조금씩 보여 주면서 전체 과정을 잘 설명해 주는 것을 보니, 방문객에게 많이 보여 준 솜씨이다. 바나나 빵을 주면서 시식해 보라고 하였다. 난 됐다고 거절했지만, 계속 권유를 한다. 위생 상태를 보장할 수 없는 음식을 먹는다는 것에 걱정이 앞섰지만, 성의를 보아서 안 먹는다고만 할 수는 없어서 일단 고맙다고 하고 받았다. 일단 받아서 아주 조금을 떼어서 맛을 보고 버릴 수밖에 없었다. 외딴곳에 나왔기 때문에, 건강 상태를 챙기지 않으면 어떻게 될지 모르기 때문이다.

바나나 빵을 만드는 것을 보고 마을을 한 바퀴 돌면서 구경을 했다.

마을에는 전통가옥에서 잠을 잘 수 있는 체험 코스까지 만들어 놓고
있었다. 유럽사람들은 전통가옥 체험 같은 프로그램을 좋아해서, 이런
형태의 관광자원이 소득으로 연결되도록 만들어 놓은 것 같다. 마을
전체를 둘러보고 다시 호텔로 돌아왔다.

집 안에서 염소를 키우고 있다.

메주 같은 것으로 맥주를 만든다고 한다.

집 안에 불을 지펴서 밤의 추위를 대비한다.

전통가옥 시설, 침실 등이 꾸며져 있다.

바나나 잎을 갈고 있다.　　　　바나나 잎을 숙성시키는 모습

숙성된 것으로 구운 바나나 빵

돌즈마을에 갔다 와서 오후 일정을 물어보니, 참모호수(Chomo Lake)를 구경하는 것이라고 한다. 참모호수는 길이가 26km이고, 넓이가 22km인 아주 큰 호수이다. 렌터카 기사와 같이 점심을 먹고 호텔에 들어왔다. 한낮에는 호수에 가 보았자 햇볕이 너무 뜨겁기 때문에 구경하기가 힘들다. 어제 펑크가 난 타이어를 수리해야 되기 때문에 렌터카 기사와 2시에 호텔 입구에서 만나기로 하였다.

2시 10분이 넘었는데, 렌터카가 나타나지 않는다. 전화해도 받지 않는다. 마침내 2시 20분경에 운전기사와 통화가 되었다. 타이어 수리하는 것이 늦어졌다고 하면서 2시 30분에 가겠다고 한다. 2시 45분이 되어서야 호텔로 왔다. 예기치 못한 일이 생기면 사전에 전화를 걸어서 시간을 알 수 있도록 해 달라고 하였다. 다음에 또 이런 일이 발생할 수 있기 때문에, 귀찮지만 한 번 정도는 이런 이야기를 하는 것이 좋다.

이제 참모호수로 가느냐고 물어보니, 가이드를 데리고 가야 된다고 한다. 가이드가 있는 집은 아르바민치 시내에서 10분 정도로 가야 되는 곳에 있었다. 운전기사와 가이드가 미리 연락을 했는지 가이드가 연료탱크를 가지고 도로가에서 기다리고 있었다. 드디어 호수로 출발하는가 했더니, 국립공원 사무실에 가야 하기 때문에, 시내로 되돌아가야 한다고 하였다. 또다시 우리가 있었던 호텔 앞으로 돌아왔다. 국립공원관리소는 우리 호텔과 멀리 떨어지지 않은 아르바민치 시내에 있었고, 입장료는 100Birr(10,000원)이었다. 가이드 비용은 일인당 125Birr으로 하기로 하였다. 호수의 입구가 국립공원 관리소 옆이라고 생각했는데, 차를 타고 30분을 가서야 겨우 호수 진입로로 들어갈 수 있었다. 워낙 큰 호수라서, 다양한 진입로가 있는 것 같았다. 이렇게 외진 곳에 표를 검사하는 곳이 있을까란 생각이 들었는데, 나무 밑에서 총을 들고 있는 국립공원 관리인이 나타났다. 티켓을 검사하고, 가이드와 몇 마디를 나누고, 그제서야 우리는 호수가로 들어갈 수 있었다.

가이드는 가지고 온 기름통을 모터보트에 설치했다. 배는 호수가에 정박해 놓고 기름통만 가지고 다니는 것 같았다. 배를 타고 호수로 나왔다. 호수에는 물뱀이 물 위를 기어 다니고 있었다. 한쪽에서는 수많은 펠리칸들이 호숫가에 자리 잡고 있었다.

어부들이 뗏목을 타고, 호수를 지나가고 있었다. 이 사람들이 어떤 방식으로 고기를 잡는지는 모르겠지만, 가지고 있는 도구가 몇 개 되지 않는다. 30분 정도 지나, 하마가 있는 곳에 도착했다. 하마를 구경하고 또 다른 곳으로 가니 이곳에는 악어 여러 마리가 살고 있었다. 호수 주변에는 각각의 동물들이 군락을 이루고 있었다.

해발 고도가 1,300m에 이렇게 큰 호수가 있다는 것이 신기했다. 선글라스와 퍼프로 얼굴을 다 가려도, 오후의 햇볕은 정말 따가웠다. 1시간 30분 정도 호수를 구경하고 다시 배를 탔던 곳으로 돌아왔다.

이 지역이 커다란 도시가 만들어진 이유는 이렇게 큰 호수를 끼고 있기 때문이라는 생각이 들었다. 참모호수 구경도 마치고, 다시 호텔로 돌아왔다.

참모호수의 모습

펠리칸

어부의 모습

악어

하마

아와사(Awasa)로 가는 길

오늘은 아와사로 가기로 했다. 아르바민치를 출발해서, 아와사로 가는 길목에는 참모호수 주변으로 선진국에서 투자한 것 같은 대규모의 농장이 몇 킬로미터에 걸쳐 있었다.

개발도상국의 좋은 땅은 대부분 선진국들이 농사를 짓기 위해서 투자를 하고 있다. 당장 돈을 벌 수 있는 것은 아니지만, 장기적인 목적으로 투자하는 나라들이 많이 있다. 아프리카는 관개용수와 농업 관련 인프라들이 해결되면 훌륭한 경작지가 될 곳이 많이 있는데, 그것이 언제 완벽하게 이루어질지 모르기 때문에 장기적으로 투자를 하는 것 같았다.

농장을 초기 개발할 때는 많은 자

본이 필요한데, 남쪽 지방은 관개용수를 이용할 곳이 많이 있기 때문에 북쪽 지방에 비해 상대적으로 많이 개발하는 것 같았다.

아르바민치에서 아와사로 가는 길은, 비포장도로도 있었지만 대부분의 도로들은 잘 관리되어 있어서, 아와사에 빨리 도착할 수 있었다.

아와사는 다른 도시와 비교했을 때 상당히 큰 도시로 느껴졌다. 큰 건물들도 있고, 왕복 4차선(편도 2차선) 포장도로도 있었다.

아르바민치의 바나나 농장

대규모의 축산단지가 이루어져 있다(소들이 풀을 뜯어 먹고 있었다).

호수 주변에는 대규모의 농경지가 형성되어 있다.

점심은 여행 책자에 나와 있는 핀나호텔(Pinna Hotel) 레스토랑에서 해산물 요리를 먹기로 했다. 아와사에 도착하자마자 숙박할 호텔을 체크인하고, 핀나호텔 레스토랑을 찾아갔다.

레스토랑은 고층 건물 사이에 끼여 있어서, 주변을 몇 바퀴 돌고서야 겨우 찾을 수가 있었다. 입구는 에티오피아 사람과 외국인들로 제법 붐비고 있었다.

레스토랑 1층에서는 다양한 빵들을 팔고 있었다. 남부 지방을 둘러보면서 느끼는 것이지만, 이곳은 북부 지방에 비해서 많은 곡식이 나기 때문에 음식 문화가 비교적 발달한 것 같다.

새우구이(140Birr)

스테이크

새우리조또(44Birr)

2층으로 올라가서, 도로가 보이는 자리에 앉아서 음식을 주문했다. 메뉴판을 보니 생각보다 가격은 비쌌지만, 난 140Birr(14,000원)짜리 새우구이요리를 시켰다. 우리가 시킨 요리와 여러 가지 빵이 나왔다. 배가 고파서인지 빵은 정말 맛있었다. 다른 사람들의 식사가 나오고 마지막으로 내가 시킨 새우요리가 나왔다.

난 새우의 개수를 보고 놀라고 말았다. 140Birr짜리 음식에 있는 새우는 겨우 3마리가 전부이다. 그래도 5마리 정도는 나올 것이라 생각했는데, 에티오피아는 바다가 없기 때문에 새우가 모두 냉동되어 도시로 이동을 하니 엄청나게 비싼 것 같았다. 새우를 한 마리씩 나누어 먹고, 앞으로는 해산물 요리는 포기하고 사는 것이 좋겠다는 생각을 했다.

오후에 아와사 공원을 구경하기로 했다. 많은 사람들이 공원에 나와서 휴일을 즐기고 있었다. 맥주를 마시는 젊은이들, 커피 세레머니(커피를 볶고 빻아서, 마시는 의식)를 하는 사람 그

리고 도시락을 먹는 공원의 모습은 여느 나라와 다르지 않았다.

공원 한편에 사람들이 많이 몰려 있었다. 운전기사에게 물어보니, 결혼식이 있다고 한다. 많은 사람들이 흥겹게 춤을 추고, 그들 사이에 자동차 한 대가 따라온다. 흰색 드레스를 입은 여자들과 검은색 양복을 입은 남자들이 차 주변을 춤을 추며 빙빙 돌면서 노래를 부른다. 얼마 동안 차 주변을 돌던 사람들 사이로 차 문이 열리고, 신랑과 신부가

예식장

내리기 시작했다. 성직자가 맨 앞에 서고 그 뒤를 신랑과 신부가 걸어서 예식 공간으로 걸어간다. 그리고 예식 공간에서 성직자로 보이는 사람의 주례로 결혼식이 진행되었다. 예식 중간에도 계속해서 노래와 춤이 흘러나왔다.

결혼식을 다 보고 나니 2, 3백 미터 떨어진 곳에서 또 다른 차가 들어온다. 좀 전에 들어왔던 차보다 조금 더 좋은 차가 들어왔다. 신랑신부가 차에서 내려서 걸어오는데, 조금 전에 보았던 신랑신부의 의상과는 차이가 난다. 지금의 신랑신부는 머리에 왕관(모자?) 같은 것을 쓰고 있고 성직자의 복장까지 다른 것 같아서 운전기사에 물어보니, 왕관을 쓰고 결혼식을 치르는 사람은 에티오피아 정교(옥토도스)라고 한다. 그리고 왕관을 쓰지 않는 사람은 개신교라고 한다. 의식용 모자의 착용 여부가 겉으로 보이는 가장 큰 차이였다.

신랑신부는 이곳에 와서 하객들의 축하를 받으며 사진과 비디오를 찍는다. 그리고 신랑신부가 같이 배를 타고 아와사 호수에서 뱃놀이를 하는 것이, 아주 인상적이었다. 그리고 친구들이 신랑신부 주변에서 계속해서 춤을 추는 것도 재미가 있었다. 공원 안에는 이런 예식 공간이 여러 개 있었다.

돌아가려고 하는데, 다른 곳에 비해서 특별히 화려한 결혼식장이 있어서 잠깐 걸음을 멈추고 자세히 보았다. 여기서는 다른 곳과 달리, 하객들에게 음식을 나누어 주었다. 길게 늘어선 줄을 따라 뷔페식으로 음식을 나누어 주고, 음식을 받은 사람이 다시 콜라를 한 병씩 받아서, 주변의 돌이나 나무 밑에 앉아서 식사를 하는 모습을 볼 수 있었다.

열심히 사진을 찍었지만, 배터리가 다 떨어져 더 많은 사진을 찍을 수가 없어서 아쉬웠다.

신랑신부가 탄 차 주변에서 사람들이 춤을 추고 노래를 부른다.

신랑과 신부. 주변에 들러리가 서 있다.

에티오피아 정교의 결혼 예식(신랑신부가 모자를 쓰고 있다)

전통의상을 입은 들러리들도 있다.

결혼 예식을 마치고 나면, 이 배를 타고
아와사 호수를 한 바퀴 돈다.

오늘 본 예식장 중에서
가장 화려했던 결혼 공간

결혼식장에서 나누어 주는 음식을 먹는 하객들 모습

아와사는 아와사 호수와 대협곡
(Great Rift Valley)으로 유명하다. 도
시의 한복판에는 커다란 에티오피
아 옥토도스 교회가 있고 중심가에
는 5층 높이 정도의 건물들이 많이
있었다. 도로는 대부분 아스팔트 포
장이 되어 있고, 간선로만 비포장도

로로 이루어져 있었다. 많은 건물들이 건축되고 있어 시내의 모습은
아주 활동적으로 보였다.

오후였지만, 높은 실업률 때문인지, 앉아서 쉬고 있는 사람들의 모
습을 쉽게 볼 수 있었다. 시내 복판에서 소가 지나다니기도 하지만, 도
시의 모습은 깨끗하고 자유로워 보였다.

아와사 거리 모습

아와사에서 지낼 호텔은 Wabe Shevbele Hotel Ⅱ였다. 아와사 호수 옆에 있어서 객실에서 아와사 호수를 볼 수 있었다. 많은 사람들이 호텔 레스토랑에 와서 휴일을 보내고 있었다. 결혼식을 보고 난 이후에는 별로 할 일이 없었기 때문에 일찍 저녁을 먹기도 했다. 종업원이 음식을 가지고 올 때, 지팡이를 하나 가져다 주었다. 용도를 물어보니, 혹시 원숭이가 오면 이것으로 쫓으라고 한다. 호텔 근처에는 원숭이들이 많이 살고 있는데, 이들이 사람들의 음식을 빼앗아 먹기 때문에 지팡이가 없으면 음식을 먹을 수 없다고 한다.

이 이야기를 듣고 주변을 둘러보니, 원숭이가 정말 많이 있다. 어떤 원숭이는 사람들이 먹고 남은 빈 콜라병을 들고, 몇 방울을 먹기 위해서 들고 이리저리 돌리고 있었다. 우리 주변으로 두 마리의 원숭이가 어슬렁거려서 지팡이를 몇 번 휘둘러서 원숭이를 쫓았다. 저녁을

234

다 먹을 때까지 지팡이를 바로 옆 의자에 두고 먹어야 했다.

아와사 시내 모습

아와사 국립대학교 모습

오늘은 모든 일정을 마치고 아와사에서 아디스아바바로 돌아간다. 조금 천천히 출발하고 싶었지만, 새벽에만 열리는 어시장을 구경하기로 해서 일찍부터 나섰다. 어시장은 어제 왔던 공원 바로 옆에 있었다. 아침부터 비가 내리려고 하는지 날씨가 흐렸다. 어부들이 밤새 잡아 온 고기를, 새벽에 아와사 호수가에서 팔았다. 많은 사람들이 자전거를 타고 고기를 사기 위해서 나와 있었다. 고기를 잡아 온 어부들은 고기

를 팔면서 그물을 고치고 있었다. 그물이 떠다닐 수 있도록 스티로폼을 이용하고 있어서, 하얀 스티로폼이 어시장 주변에 널려져 있었다.

갑자기 비가 내리기 시작했

지만, 사람들은 비를 맞으면서 일을 하고 있었다. 우리는 이제 아디스 아바바로 출발해야 한다.

어시장의 모습

아디스아바바에 가까워지면서, 비닐하우스 단지를 볼 수 있었다. 며칠 전 차를 타고 아르바민치를 갈 때부터 궁금했었는데, 운전기사에게 물어보니 장미를 재배하는 하우스라고 한다. 에티오피아는 고산 지대이기 때문에 햇빛을 많이 받을 수 있어서 장미의 색이 아주 깨끗하다고 한다. 그렇기 때문에 유럽 화훼회사들이 에티오피아에서 장미를 재배하고, 이 장미들은 아디스아바바 공항을 통해서 유럽으로 수출이 된다고 한다.

아디스아바바까지 돌아가는 길은 시간적 여유가 있기 때문에, 차를 멈추어서 비닐하우스 내부를 구경하러 갔다. 앞에 가

면 경비원이 사진을 못 찍게 할 것이라고 생각하고 한 명만 시험 삼아 갔다 오라고 했는데, 생각과는 달리 경비원이 있는데도 사진을 찍을 수 있었다. 우리는 디지털카메라에 찍힌 사진을 보고 안의 모습을 짐작할 수 있었다.

화훼단지는 유럽 여러 회사가 같이 진출해서, 공동 비용 분담을 통해서, 운영 경비를 최소화하는 것 같았다. 각 비닐하우스는 거의 똑같이 만들어졌고, 비닐하우스 입구마다 경비원이 지키고 있었다.

많은 물을 필요로 하는 화훼단지들은 강에서 엄청난 물을 다양한 형태로 끌어 사용한다. 물이 부족한 곳에서 농사가 아

화훼단지가 커다란 마을을 형성하고 있다.

닌, 꽃을 위해 많은 물을 사용한다는 것이 좀 아이러니하다.

낮은 인건비와 화훼에 유리한 자연조건으로 이루어지는 화훼사업이

에티오피아에 얼마나 이득이 될는지는 의문이지만 그나마 이마저 없다면 실업자는 더 늘어나지 않을까?

긍정적인 방향으로 생각해 보면, 에티오피아인은 고용을 유럽인은 이익을 창출하니 서로 윈-윈 하는 것이 아닐까라고 생각하고 싶지만 조금 씁쓸하긴 하다.

강에서 커다란 펌프로 물을 채수하고 있다.

화훼단지의 펌프와 발전기

여러 유럽회사 화훼단지를 만들고 있다.

비닐하우스 안에 장미가 재배되고 있다.

아디스아바바에 도착하니 오후 2시였다. 점심을 먹으러 중국집으로 가기로 했다. 아디스아바바에는 2개의 중국집이 있다는데, 정확하게 몇 개가 있는지는 모른다. 수많은 중국기업과 중국근로자가 있는 에티오피아 치고는 중국식당이 턱없이 부족한 것 같다.

중국집 간판

중국집 안으로 들어가니 중국인은 한 명도 보이지 않는다. 과연 음식이 괜찮을까 불안해지기 시작했지만, 요리사는 중국사람일 거란 믿음으로 자리에 앉았다. 메뉴판을 가지고 왔는데, 정말 메뉴판이 오래된 것 같았다. 메뉴판에는 다양한 요리가 적혀 있었고, 얼마 전부터 만두가 먹고 싶었던 나는 만두를 주문했다. 다양한 메뉴가 있었지만, 우리에게 가장 친숙한 요리인 탕수육과 비슷한 음식인 'Sweet and Sour Shrimp(달콤하고 신맛의 새우요리)'와 돼지고기 볶음밥을 시켰다. 돼지고기 요리는 에티오피아에서 거의 먹기가 힘들기 때문에 돼지고기 볶음밥을 먹기로 했다. 과연 몇 개의 음식을 성공할지 의문이지만, 찐만두가 좀 괜찮았으면 좋겠다고 생각했다.

메뉴판

찐만두

'Sweet and Sour shrimp'는 새우의 튀김옷이 아주 두꺼웠지만, 소스는 먹을 만했다. 그리고 찐만두가 나왔는데, 이것은 찐만두인지 야채호빵인지 구분이 힘들 정도였다(물론 찐빵과 같은 중국식 만두도 있지만). 만두피가 너무 두꺼워서 꼭 빵을 먹는 기분이었다. 요리사에게 만두피를 만드는 기술이 없는 것 같았다. 만두피가 너무 맛이 없어서, 만두피를 벗기고 만두 속만 먹었다.

맛있는 중국요리는 아니었지만, 몇 달 만에 먹는 중국요리라는 사실에 만족했다. 아프리카에서 한국요리를 바라는 것은 사치인 것 같고, 중국요리라도 잘하는 식당이 좀 많았으면 좋겠다.

점심식사를 마치고 호텔에 돌아왔다. 내일 새벽에는 메켈레로 돌아간다.

중국집 내부

탕수새우와 볶음밥

사무실에서는 전화선을 이용해 인터넷 접속을 하고 있는데, 인터넷이 벌써 15일째 되지 않고 있다. 첫 일주일은 내일이면 고쳐지겠지 생각하고 있었는데, 도저히 고쳐지지 않아서 어디서부터 고장 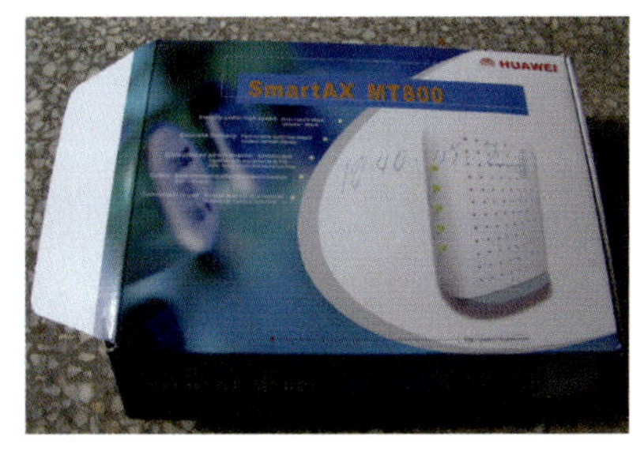 인지 도저히 체크를 할 수가 없다. 전화를 이용해서 하는 방식은 비용은 저렴하지만 속도가 너무 느리다. 전화모뎀을 이용해야 하기 때문에 한 명만 사용해야 되는 어려움도 있다.

조그마한 파일도 받기가 어렵고, 간단한 메일 확인만 가능하다. 사무실에 인터넷이 되지 않으니, 인터넷이 되는 다른 건물이나 인터넷 카페에 가서 메일이나 한국에서 요청하는 자료를 주고받고 있다.

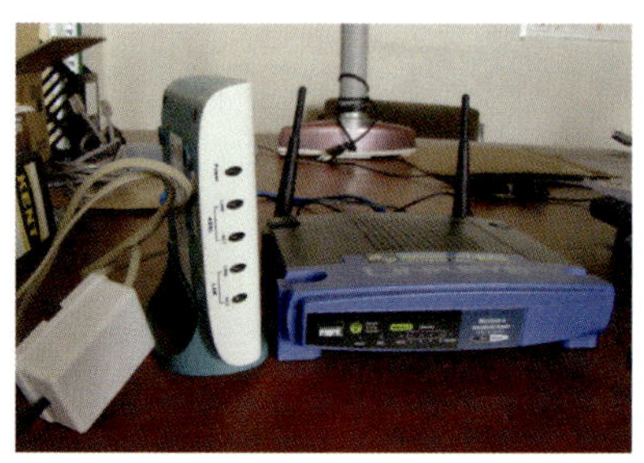

ADSL 모뎀과 무선공유기

다른 관공서를 알아보니, 인터넷 전용라인을 사용하고 있는 곳이 많이 있어서 우리 사무실도 인터넷 전용라인을 설치할 방법을 찾아보기로 하였다. 인터넷 전용선인 ADSL을 신청하면 인터넷이 잘 된다고 한다. ADSL 중 주로 사용하는 것이 124KB인데 관공서나 대규모 회사에만 설치를 해 준다고 한다.

우리 집 인터넷 전용선은 100MB인데, 이곳은 1,000분의 1도 되지 않는 속도인데도 불구하고 설치비 80만 원에 월 사용료가 35만 원이라고 한다. 한국보다 속도는 1,000배가 느린데 사용 요금은 10배를 더 내야 되는 것이다.

80만 원이라는 비용이 들어가지만, 약 10개월간 인터넷을 할 때는 다른 건물에 갔다가 업무를 볼 때는 다시 우리 사무실로 이동해야 하기 때문에, 인터넷 전용라인을 설치하기로 결정했다.

인터넷을 설치하기 위해서 신청서류를 내고, 빨리 설치를 해 달라고 열 번 정도를 전화국에 갔다 온 결과, 일주일 만에 될 것이라고 하는 인터넷이 20여 일이 지난 후에야 개통되었다. 인터넷이 개통되니, 화상통화는 불가능하지만 그나마 이제 1~2MB의 자료를 주고받을 수 있게 되었다.

에티오피아의 많은 물건들은 인도나 중국에서 수입해 온다. 인도나 중국에서 고가 제품을 수입해서 판매하려고 해도 잘 팔리지 않기 때문에 저가 제품을 주로 판매하는데, 품질은 정말 형편없다. 그리고 고급 제품

전자제품 판매가게 간판

은 유럽에서 들여오는데, 고급 제품을 한 개 가게에 가져다 놓는 것보다 저가 제품 여러 개를 가져다 놓는 것이 훨씬 이윤이 크기 때문에, 질 좋은 제품은 찾아보기가 힘들다. 특히 콘센트를 꽂는 멀티탭의 품질이 형편없다. 저렴한 가격만큼 조잡하게 만들어져 있다. 선도 얇고, 전기제품을 꽂을 때는 스파크가 일어난다. 고장도 자주 나서 한 달에

멀티탭만 한 개 이상씩 사고 있다. 아마 정전이 자주 일어나기 때문에, 더 문제가 되는 것 같다.

에티오피아에서는 우리나라와 동일한 220V를 사용하고, 콘센트 모양은 3개의 구멍을 꽂는 것이 주를 이루는데, 한국에서 사용하는 것보다 구멍의 사이즈가 작아서 한국에서 가져온 것을 바로 꽂아서 이용할 수 없다. 그래서 항상 변환플러그를 이용해서 전자제품을 사용해야 한다.

이곳에서 산 플러그들도 품질이 좋지 않아서, 한 달 정도 사용하면 문제가 생겨 내가 직접 고치고 있다. 전자제품에 전기가 들어오지 않으면 변환 플러그를 드라이버로 풀어서 간단하게 고쳐서 사용한다. 이 변환 플러그가 5Birr(500원)밖에 하지 않으니 좋은 품질을 기대하는 것도 문제가 있지만, 역시 싼 가격만큼이나 문제를 잘 일으킨다.

고장이 잘 나는 저렴한 제품보다는 비싸더라도 처음부터 좋은 제품을 사는 것이 좋을 것 같다는 생각에 이제는 고장이 나면 유럽제로 교체하고 있다.

에티오피아에서 또 필요한 물건은 안정기이다. AVR(Automatic Voltage Regulator)이라고 불리는데, 전기선으로 220V가 계속해서 들어오는 것이 아니고, 180V가 되었다가 230V로 되었다 하기 때문에, 안정기를 사용해서 전압을 일정하게 해 주지 않으면 전자제품이 금방 고장이 난다.

정전이 되어 버리면, 아무런 전자제품을 사용하지 못한다. 정전에 대비해서 사용하는 제품이 UPS(Unlimited Power System, 무정전시스템)이다. 정전이 되면 사용하고 있던 파일이 갑자기 날아가는 것을 방지

하기 위해서 사용하지만, 업무용 컴퓨터로 노트북을 사용하고 있어서 갑자기 파일이 날아가는 경우는 없다. 그래서 연결 플러그를 개조해서, 프린트기에 UPS를 연결해 사용하고 있다.

갑작스런 정전이 여러 번 반복되니, 정전이 자주 될 때 고가의 프린터기가 고장 나서 한국에서 수리할 부품을 가져온 후부터는 프린터기 사용을 위해서 대용량의 UPS(1,500VA)를 샀다. 정전이 자주 되는 나라에서 살아야 할 경우에는 UPS는 필수품이다.

전기가 불안해도 좋으니, 매일 전기라도 들어오면 좋겠다.

전기 콘센트(구멍이 3개다)

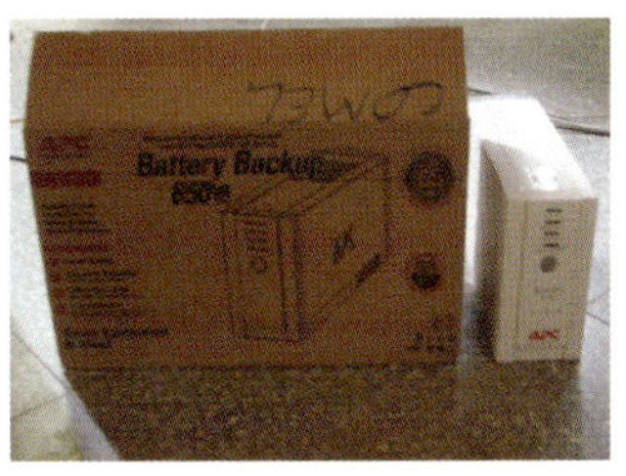

UPS 박스와 UPS

안정기

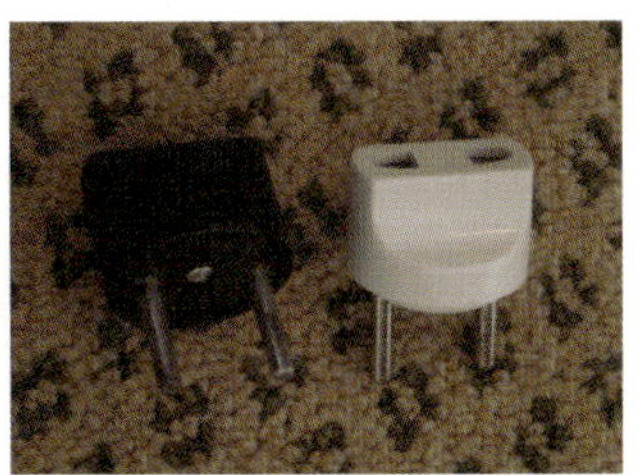

변화 플러그

저가의 멀티탭

고가의 멀티탭(기능은 저가 멀티탭이 훨씬 많다)

각종 전기제품을 판매하는 가게

요즘에는 출력물들이 많아져서 복사용지도 많이 필요하고, 그것을 바인딩하기 위해 문구점에 자주 간다. 일이 바빠지니 소모되는 물건도 많아진다.

문구점에서 복사용지 2박스를 샀다. 메켈레는 잉크젯 카트리지 가격이 아디스아바바에 비해서 2배정도 비싸기 때문에, 얼마 전 아디스아바바에서 많이 사 놓았다. 문구점에서 혹시 필요한 물건이 있는지 이것저것 둘러보았다. 샤프를 하나 사고 싶었지만, 너무 조잡해 보인다. 샤프의 대안으로 연필을 써 볼까 싶어서 연필을 들었는데, 연필 외부가 나무가 아닌 종이로 말려 있다. 한국에서는 친환경 연필이라고 하겠지만, 도저히 품질을 장담할 수 없으니 불편하더라도 그냥 사무실에 있는 것을 사용하기로 하였다. 딱풀을 사려고 어디에 있는지 물어보았지만, 가게에는 없다고 한다. 다른 가게에 가서 사야 할 것 같다. 수첩에 적어 온 것은 많은데, 문구점에서 살 수 있는 물건은 적어 온 거의 절반도 되지 않는다. 절반은 없어서 못 사고 나머지 절반은 품질이 너무 나빠서 못 사기 때문에, 물건을 살 수 있는 확률이 정말 낮다.

문구점 간판

한쪽 구석에서 재미있는 물건을 찾았다. 한국에서 만든 세라믹펜이 한쪽 구석에 몇 박스 놓여 있었다. 몇 년은 지난 것 같은데, 언제 저 물건이 다 팔릴지 의문이다. 가게마다 오래된 축하카드나 크리스마스카드가 팔리지 않아 재고로 가지고 있는 경우가 많다.

메켈레가 아디스아바바보다 물건 값이 비쌀 수밖에 없는 이유가 다양한 물건을 가지고 오더라도 팔리지 않으니 고스란히 재고로 남기 때문이다. 팔리는 물건에 재고 물건비용이 붙는 것이다. 그래도 바인딩하는 솜씨는 세계 제일이다. 보통, 기계로 하는데, 이 사람들은 바인딩하기 위해서 구멍만 뚫어 놓으면, 나머지는 손으로 모든 것을 해결한다.

오늘도 사지 못하고 목록에 그대로 남아 있는 물건들이 많이 있지만, 없으면 없는 대로 살 수 있는 것이 또 이곳 생활이기도 하다.

문구점 실내에 꼭 채워져 있는 토너들

다른 한편에도 엄청나게 많은 물건이 있지만. 막상 똑같은 물건의 박스만 쌓여 있다.

에티오피아에서는 외국인 증명서(ID카드)가 있으면, 많은 혜택을 받을 수 있다. 외국인 신분으로 메켈레와 아디스아바바 간의 왕복비행기를 탈 때는 3,250Birr(325,000원)을 내야 하지만, ID카드가 있을 때는 내국인 가격이 적용되어 1,245Birr을 내면 된다. 똑같은 구간에 똑같은 좌

붉은색(왼쪽)은 외국인 거주증(ID카드)이고, 푸른색(오른쪽)은 운전면허증이다.

석을 주는 것인데도, 엄청난 가격차이다.

운전면허증은 책처럼 되어 있어 여러 장의 내지가 있는데, 현지어로 적혀 있어서 무슨 말인지는 모른다. 이곳에서 차를 운전할 일이 있을지는 모르겠지만, 에티오피아는 국제면허증이 통용되지 않기 때문에 따로 운전면허증을 발급받았다. 절차가 좀 복잡하기는 하지만 에티오피아 면허증은 한국 면허증이 있으면 발급받을 수 있다. 발급비용은 21Birr이다.

그런데 에티오피아에서 나보다 먼저 받은 사람은 나와 다른 형태의 운전면허증과 외국인 거주증을 가지고 있었다. 내가 최근에 받았는데, 어떤 사유인지는 모르지만, 똑같은 형태가 아닌, 카드 크기로 코팅을 한 형태의 운전면허증과 외국인 거주증을 가지고 있는 사람도 있었다. 어쨌든 외국인 거주증을 받고 난 이후에는 호텔비 30%를 DC받을 수 있었다.

다른 사람의 ID와 운전면허증

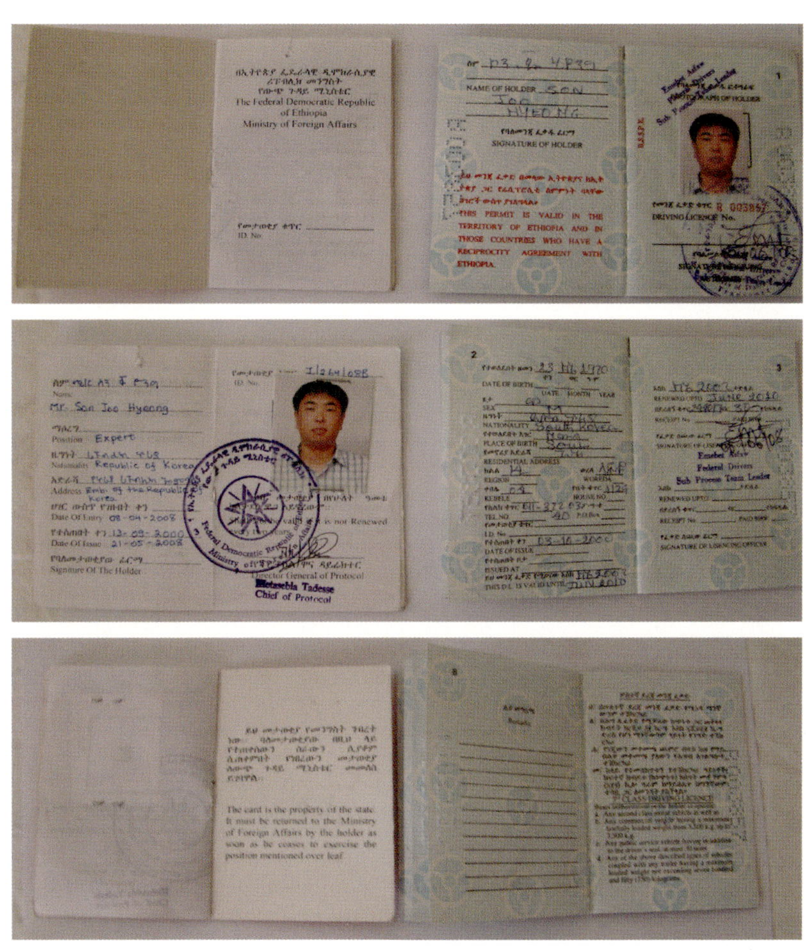

ID카드와 운전면허증

티그라이 전통춤 구경하기

오랜만에 저녁 약속이 잡혔다. 같이 일하는 에티오피아 기술자가 저녁을 같이 먹자고 한다. 그쪽에서 먼저 초대를 했지만, 보통 내가 저녁 값을 내고 커피를 한잔 사라고 하지만 모처럼 새로운 식당에서 저녁을 먹는 것은 기분 좋은 일이다.

저녁마다 헬스클럽을 가는 것 말고 별다른 일이 없었기 때문에, 오늘은 오히려 특별한 날이다. 티그라이 전통춤을 보여 주는 레스토랑에서 저녁을 먹기로 하였다. 아직까지 티그라이 전통춤을 본 적이 없어서 기대가 된다.

저녁 8시에 밀라노 호텔에서 만나기로 했다. 이 호텔 레스토랑에서 저녁 9시에 전통춤 공연을 한다고 한다.

바자지를 타고 호텔 식당에 도착하였다. 호텔 식당에는 우리 말고는 손님이 아무도 없었다. 식사를 시작한 지 한 시간 정도가 지나니 공연

전통춤 공연모습

이 시작되었다.

　티그라이 지방의 전통춤은 하체는 그대로 두고, 어깨 위로만 움직인다. 어깨 밑으로는 움직이지 않고 그 위로는 엄청나게 율동적이다. 전통무용공연은 약 30분 정도 계속되었다.

　몇 달 동안 메켈레에 살았지만 이런 공연을 하는 것도 모르고 살았는데, 오랜만에 즐거운 시간이었다. 비록 일을 하러 왔지만, 되도록 다양한 것을 보도록 노력해야겠다.

밀라노 호텔 전통춤 공연모습

오늘은 내 생일이다. 다른 날
과 별다를 건 없지만, 아침부터
왠지 무엇인가 다른 날과 달라
야 한다는 생각에 새벽부터 일
어나 아침을 먹었다. 집에서 생

일선물로 옷과 음식을 소포로 보내 주었다. 소포에는 인스턴트 국수와
미역국이 들어 있었다. 방 안에 있는 전기포트에 물을 끓여서 국수를
먹으니, 혼자라서 좀 서글프긴 하지만 멋진 생일상이다.

올해는 가족들의 생일을 하루도 함께하지 못했다. 큰딸의 생일에는
캄보디아에, 작은딸의 생일에는 에티오피아에, 다가올 아내의 생일에도
에티오피아에 있을 것 같다. 해외를 돌아다니게 된 후부터 생일이나, 명
절, 입학식, 졸업식은 나와 상관없는 일이 되어 버린 것 같다. 아침을 먹

고 나니, 한국에서 딸아이와 아내로부터 생일 축하 문자메시지가 왔다.

저녁때는 사람들과 모여서 같이 식사를 했다. 한국에서 보내 준 오징어와 특별 요리를 몇 개 시켜서 나누어 먹었다. 인스턴트 미역국을 식당 요리사에게 조리법을 알려 주고 부탁을 하니, 잘 끓여서 커다란 그릇에 가져다주었다. 인스턴트 미역국이지만, 생일에 남이 차려 주는 미역국을 맛있게 먹었다.

호텔에서 조리된 인스턴트 미역국

　오래간만에 테니스를 치기 위해 테니스라켓과 테니스공을 들고 힐탑호텔로 향했다. 해외에서 테니스를 치는 건 에티오피아가 처음인데, 오늘까지 두세 번 정도 쳤다.

　해외에 나오면 주말에 하는 운동은 주로 골프인데, 이곳에는 골프장이 없어서 헬스클럽에 다녔지만, 테니스장을 찾아낸 준수 씨와 은철 씨가 테니스를 같이 치자고 제안했다. 해외에서 주말에 골프를 치는 가장 큰 이유는 한국과의 엄청난 가격차이도 있지만, 그것보다는 여가생활이 없는 해외에서 4~5시간을 집중해서 안전한 곳에서 보낼 수 있다는 커다란 장점 때문이다. 할 일 없는 일요일 오전에 골프를 치고, 점심을 먹고 집에 와서 낮잠을 자면 하루가 금방 지나가 버리기 때문에, 심심한 주말을 보내기엔 가장 좋은 스포츠이다.

　메켈레에는 골프장이 없고, 테니스 코트만 3개가 있다. 1개는 힐탑

호텔에 있고, 2개는 메켈레 대학에 있다고 한다. 테니스를 치는 것이 가능하다는 이야기를 듣고, 메켈레에서 라켓과 공을 사려고 했지만 파는 곳이 없어서, 얼마 전 아디스아바바에서 라켓과 공을 사 왔다. 메켈레에서 테니스는 아직까지는 생소한 스포츠이다.

힐탑호텔의 테니스 코트는 콘크리트로 되어 있다. 콘크리트로 만든 지 몇 년 되었는지 중간에 갈라진 틈이 여러 군데 있다. 테니스공이 이 틈에 부딪치면 엉뚱한 방향으로 튀어 간다. 또한 공을 너무 세게 치면, 코트가 좁고 울타리가 낮아서 바깥으로 튀어 나가 버린다. 그러면 도로에까지 뛰어가서 주워 와야 한다. 메켈레에서는 살 수 없기 때문에 공 하나도 잃어버리지 않게 조심해야 한다.

테니스를 칠 때, 코트 사용료는 별도로 주지 않고, 음료수나 음식을 시켜 먹으면 된다. 힐탑호텔 테니스코트는 계속 비워져 있었다가 최근에 우리가 치기 시작하면서 이용하는 사람이 한국인 5명, 일본인 3명, 미국인 1명이 되어 버렸다.

오전 늦게 테니스를 치고 점심을 먹고 돌아오니, 오후에는 낮잠을 편안하게 잘 수 있을 것 같다. 주말에 인터넷도 어렵고 TV도 볼 만큼 보았고, 별로 여가생활을 할 것이 없는 이곳 생활에서 테니스는 좋은 여가 활동이다.

힐탑 테니스 코트

Hiltop 호텔

호텔이라기보다는 별장같이 지어졌다.

벼룩은 정말 싫어

아침부터 이곳저곳이 간지럽기 시작했다. 아! 또 벼룩이다. 한동안 모기 퇴치 스프레이를 치지 않고 살았는데, 어디서 나타났는지 또 나타난 것 같다. 벼룩이 어떻게 생겼는지 한 번도 보지는 못했지만, 나에게 가장 악몽은 벼룩이다. 호텔 프런트에 가서 벼룩에게 물렸다면서 내 방을 진공청소를 해 달라고 했다. 호텔 프런트에 근무하는 직원은 이 호텔은 벼룩이 없다면서 내 말을 믿지 않았다. 나는 내 다리를 보여 주면서, 이래도 벼룩이 없는 거냐고 하였다.

여태까지 물려 본 벌레는 모기가 대부분이었지만, 벼룩은 정말 가렵다. 특히 무릎과 허리띠 주변에 많이 물렸다. 사람들이 하는 이야기로는 움직이다가 걸리는 부분에서 많이 물어 버린다고 한다. 한 곳을 물 때 주변에 몇 곳을 물어 버리기 때문에 물리면 주변이 붉게 변해 버린다.

호텔에 사는 나로서는 어떻게 할 도리가 없다. 매일 침대 위에서 살

아야 하기 때문에, 새로운 침대
보를 가지고 온다고 해도 그 직
원이 이 방 저 방을 돌면서 벼
룩을 옮길 수도 있어서, 해결할
방법이 없다. 내가 할 수 있는
유일한 방법은 모기 퇴치 스프
레이를 엄청나게 뿌리는 것이

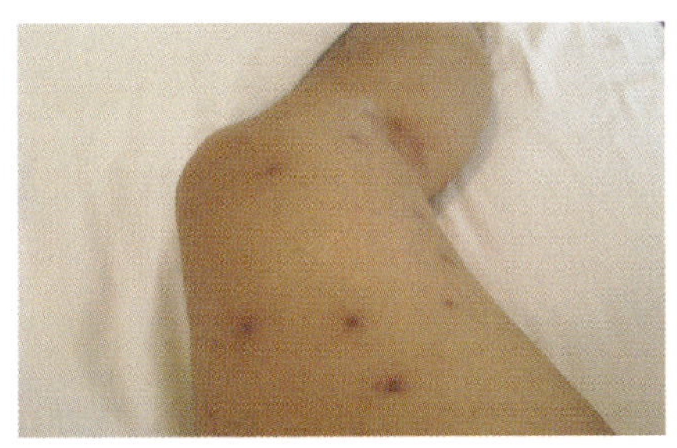

벼룩에 물린 다리

다. 벼룩이 나타나면 온 방에 모기 퇴치 스프레이를 가득 뿌린다. 내
몸에도 좋지는 않지만, 벼룩에게 물리는 것보다는 몸에 좀 나쁘더라도
모기 퇴치 스프레이를 뿌리는 게 더 낫다. 침대 위에도 모기 퇴치 스프
레이로 도배를 하였다. 그리고 침대, 카펫, 옷장까지 구석구석 모기 퇴
치 스프레이를 완벽하게 뿌리는 일을 며칠간 계속하면, 당분간은 벼룩
이 나오질 않는다.

내가 매일 자는 호텔에서도 벼룩 때문에 고생을 하는데, 한 번씩 다
른 호텔에 가게 되면 제일 먼저 하는 일이 모기 퇴치 스프레이를 뿌리
고, 한 시간 정도는 밖에 나와 있는 일이다. 잠자리가 바뀌면 벼룩이
가장 큰 걱정이다.

벼룩에게 물린 다리를 보면서, 호랑이 약만 바르고 있다. 정말 효과
가 있는지 모르겠지만, 탄자니아 세렌게티에서 만난 영국여행가(다국
적 제약사 직원)가 나한테 추천해 준 방법이라, 열심히 바르고 있다. 한
국에서 가져온 친환경 벼룩제거약은 두 번 침대에 뿌리니, 하나도 남

아 있지 않다. 또 보내 달라고 하기엔 가격이 너무 비싸서 모기 퇴치
스프레이로 벼룩을 피하고 있다. 내 다리를 보면 정말 벼룩이 싫다.
정말 간지럽다(귀국해서도 몇 개월 이상 자국이 남아 있었다).

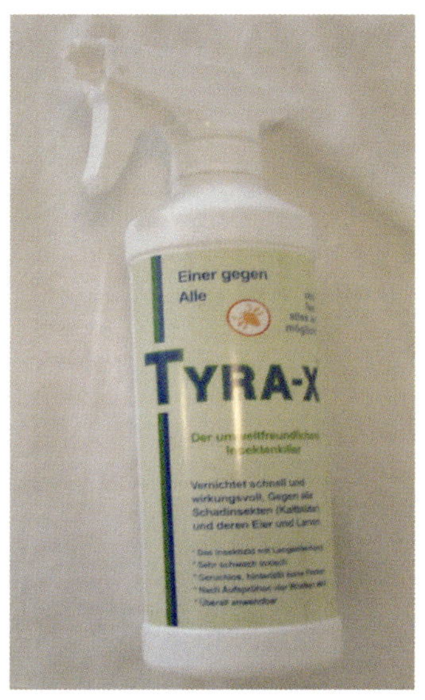

벼룩 잡는 약(자연성분으로 꽃에서
추출했다고 하는데, 한 통을 두 번
정도 사용하면 다 써버린다)

오늘은 메켈레에 있는 파이프 공장에 가기로 했다. 프로젝트에 사용하려고 하는 PE관의 품질을 검사하기 위해서이다. 메켈레에는 아직까지 PE관이 일반화되어 있지 않았다. 일부 프로젝트 현장에서 PE파이프를 사용하고 있다고 하지만, 아직까지는 아연도금 쇠파이프를 보편적으로 이용하고 있었다.

PE관 파이프 공장

수십 년 동안 사용하는 전통적인 방식이 쇠파이프이기 때문에, PE관을 사용해 보지 않은 사람들은 PE관의 성능과 내구성을 믿지 못하는 것 같았다. PE파이프는 덩치가 큰 물건이라서 운반비가 많이 드는데, 메켈레에는 파이프 공장이 있으니 운반비용 절감으로 사업비가 많이 절약될 수 있는 장점이 있다. 그리고 메켈레 지방의 제품을 사용하니 이 지역에도 도움이 될 것이다.

파이프 공장에 도착하니, 공장의 규모가 생각한 것보다 크다. 공장 관계자가 여러 가지를 설명해 주었다. 우리 프로젝트에서 PE관을 사용하게 되면, 아직까지 PE관의 사용을 꺼리는 많은 프로젝트에서 PE관 사용이 활성화될 것이라고 생각하는 것 같다. 우리가 하는 프로젝트가 티그라이 주 정부가 많은 관심을 가지고 있는 프로젝트이기 때문이다.

공장의 기계들은 전부 이탈리아에서 가져왔다고 한다. PE를 만드는 칩(작은 덩어리)도 해외에서 수입을 해서 만들고 있었다. 우리나라와 같이 완벽한 품질의 PE파이프를 만들지는 못하지만, 각종 테스트를 통해서, 품질이 일정 기준 이상은 되도록 하고 있었다. 테스트 공정을 직접 눈으로 보고 나서, 우리는 에티오피아에서 생산되는 PE관을 프로젝트에 사용해도 되겠다는 결론을 내렸다.

사진을 찍지는 말라고 해서 내부 사진은 찍지 못했다. 중요한 기계도 없는 것 같았지만, 그냥 눈으로만 보았다. 한국에서는 워낙 일반적인 제품이라서 품질확인을 위해 공장을 구경하는 일을 생각해 본 적도 없었지만, 에티오피아에서는 그렇지 않으니 공장까지 오게 되었다. 덕분에 파이프를 어떻게 만드는지 알게 된 좋은 기회이기는 했다.

같이 가기 전까지 PE파이프에 아주 부정적이었던, 현지 기술자는 대

단히 만족스러운 표정을 지었다. 새로운 것을 알게 되어서 기쁜 것 같
았다. 내가 하는 PE파이프에 대한 기술을 가르쳐 주는 이런 일도 선진
기술의 전수라고 생각하니 왠지 뿌듯해졌다.

PE 파이프 제조 회사 공장 모습

돌아갈 날만 기다린다

이제 한국으로 돌아갈 날이 딱 한 달 남았다. 이제 4번의 일요일을 오늘같이 지내면 한국으로 돌아갈 수 있다. 한국에 있을 때 4개월 다녀온다고 이야기하면, 몇몇 사람은 뭐 금방 갔다 오겠다고 이야기하기도 하는데, 막상 그런 이야기를 들으면 기분이 좋지 않다. 해외에서의 4개월(특히 아프리카)은, 가족과 떨어져 지내는 문제도 있지만, 아파도 마땅한 병원도 없고, 모든 일상적인 생활을 포기하고 가야 하는 기간인데, 사람들은 너무 쉽게 이야기하는 것 같아 기분이 좋지 않다.

아침에 일어나서 KBS월드를 보고 있다. 한국에 돌아가서 해야 할 일과 다음 출장지인 캄보디아에서 할 일을 위해서, 공부를 하기 시작했다. 해외에서 혼자 지내면, 책을 보거나 공부할 시간은 많아서 좋다.

방 안에 앉아서 남아 있는 날짜에 줄을 긋고, 오랜만에 전기장판을 꺼내서 침대에 깔고 누웠다. 오늘은 몸이 좋지 않아서, 뜨거운 장판 위

에서 자면 좋아질까 싶었기 때문이
다. 아프리카에서 뜨거운 전기장판이
필요하리라고는 이곳에 오기 전까지
는 상상도 하지 못했다. 요즘 들어서
점점 식욕이 떨어진다. 호텔 레스토
랑에서 3개월간 쉬지 않고 밥을 먹으
니, 몇 개 되지 않는 메뉴(소고기(송
아지), 닭고기, 생선을 굽거나 튀기거
나 해서 소스 2, 3가지 종류와 함께
먹는다. 돼지고기는 없다)에 점심과

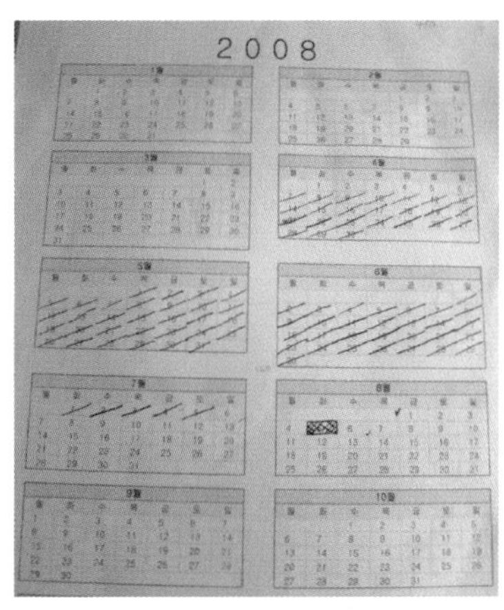

달력에 사선을 그은 날이 많아지고 있다

저녁을 송아지 스테이크와 생선 스테이크 2개를 번갈아 가면서 먹으니,
이제 입맛이 떨어질 때가 되었다. 채소류인 샐러드를 먹고는 싶지만, 아
직까지 상수도로 공급되는 물의 품질이 떨어지고, 야채를 잘 씻지 않으
면 물을 통해서 아메바와 같은 각종 병균에 감염될 수 있기 때문에, 야
채도 꼭 익힌 것을 먹어야 한다. 최근에는 신선한 야채를 거의 못 먹고
있다. 내 손으로 일일이 다 씻어서 깨끗한 물을 확인한다면 먹을 수 있
겠지만, 매일 레스토랑에서 밥을 먹어야 되는 나에게는 어려운 일이다.

그래도 일요일은 좋다. 호텔방에서 하루 종일 시체놀이를 할 수 있
으니, 한국에서 보내오는 아내와 딸아이의 문자를 보면서 이렇게 하루
를 보내야 할 것 같다.

아! 이제 한 달만 있으면 집에 간다……

오늘은 분석전문가와 수질검사 결과에 문제가 있어 메켈레 대학에 가기로 했다. 수질검사를 했지만, 정확한 결과가 나오지 않는다. 주요한 항목은 분석을 잘하는데, 몇몇 어려운 분석은 결과가 안정적으로 나오지 않는다. 메켈레 대학 분석실에 가서 몇 가지 점검을 하고, 일단 재실험을 요구하였다.

현지 분석전문가와 메켈레 대학을 걷다가 에티오피아의 대학 이야기를 하게 되었다. 국립대학에서는 먹는 것과 공부하는 것을 모두 공짜로 제공해 주고 있고, 여성의 대학진학률을 높이기 위해서 여학생을 우대하는

메켈레 대학 빨래터

제도가 있다고 한다.

작은 건물에서 학생들이 옷을 들고 왔다 갔다 하고, 건물 안에서는 학생들이 서서 무엇인가를 열심히 하고 있는 모습이 보였다. 현지 전문가가 학생들이 쉬는 시간을 이용해서 빨래를 하는 것이라고 이야기해 주었다. 그리고 그 옆에 있는 건물이 기숙사라고 하면서 나보고 한 번 들어가 보겠느냐고 물었다. 외부로 보이는 것 보다는 생활하는 모습을 볼 수 있는, 기숙사 안에 들어가 보자는 현지 전문가의 제안은 정말 마음에 들었다. 정말 들어가 봐도 되냐고 물어보니 별문제가 없다면서 같이 가자고 했다. 지금까지 많은 대학을 가 보았지만, 기숙사까지 들어가 본 적은 없어서 기대가 되었다.

기다란 복도가 있고, 방들이 복도에 계속해서 이어져 있었다. 현지 전문가가 어떤 방으로 들어가더니 나보고 들어오라고 한다. 방에는 몇 명의 학생들이 있었다. 이 방은 6명의 학생이 사용하는데, 일반적으로 6명에서 8명이 함께 생활한다고 한다. 이층침대가 있고, 방 내부에는 사람이 지나가는 통로 이외에는 여유 공간이 없었다. 침대마다 이불이 난장판이 되어 있었지만, 생각보다는 깨끗하게 사용하는 것 같았다. 학생들에게 사진을 찍어도 되냐고 하니 멋진 포즈를 취해 주었다(나중에 사진을 인화해서 현지 전문가가 학생들에게 전해 주었다). 인사를 하고 그 방에서 빠져나왔다. 기숙사 외부에 나가서 보니 2층에 있는 방은 외부 발코니도 있었는데, 거기서 공부를 하는 학생도 있었다.

식사는 어떻게 하는지 물어보니, 기숙사 바로 옆에 식당이 있다고

하였다. 식사는 공짜이지만, 커피나 차 같은 것은 돈을 내고 사 먹어야
한다고 한다.

기숙사 내부의 이층침대

기숙사 건물

카페테리아

강의동 모습

대학 도서관

벽보를 보고 있는 학생들

천년 제국 — 구름을 지나서 악숨(Aksum)으로 가자

돌아가야 할 날이 다가오니, 이런저런 생각이 많아졌다. 여태까지 주말을 너무 무의미하게 보낸 것 같다. 처음 한 달간의 주말은 업무를 파악하기 위해서 현장과 사무실에 출근을 하였는데, 현장과 일을 다 파악하고 나니 주말에는 별다른 일

이 없어서 그냥 호텔 방에서 뒹굴거나, 호텔 밖에 있는 인터넷 카페에서 인터넷을 하거나, 방에서 책을 보면서 보내는 게 대부분이었다.

한국으로 돌아갈 때까지 주말이 몇 번 남지 않았으니, 남은 주말이

라도 알차게 보내야겠다는 생각으로 악숨에 가기로 했다. 너무 갑자기 결정한 일이라 이것저것 준비할 시간도 없었다. 타고 갈 차량을 알아보고, 호텔 예약을 하였다. 그리고 론리플래닛(Lonely Planet)의 책을 보고 악숨의 정보를 파악하였다. 한국에는 아직까지 에티오피아와 관련된 여행책자가 없기 때문에 영어로 된 론리플래닛으로 정보를 얻어야 된다. 인터넷은 속도가 느리기 때문에 정보를 검색할 수 없는데, 여행책자는 큰 도움이 된다.

악숨은 우리가 한 번쯤은 들어 봄 직한 시바의 여왕으로 유명한, 시바 제국이 있던 곳이다. 악숨은 메켈레보다 더 북쪽에 있지만, 물이 풍부해서 농사를 짓고 살 수 있었기 때문에 커다란 왕국을 만들고 살 수 있었다. 그리고 13세기까지 고대 에티오피아를 지배했던 왕국이기도 하다. 또한 시바의 여왕이 이스라엘로 건너가 솔로몬 왕의 자식을 얻어서 에티오피아로 돌아왔기 때문에, 에티오피아 사람들은 자신들이 솔로몬 왕의 후예라고 믿고 있다. 많은 기념품가게에서 시바의 여왕이 이스라엘의 솔로몬 왕을 만나 아기를 낳아서 에티오피아로 오는 장면을, 만화처럼 여러 장 그려서 한 장의 그림으로 만든 것을 많이 팔고 있다.

새벽 6시에 출발을 하였다. 주말을 이용한 1박 2일 여행이기 때문에 일찍 출발해야 한다. 악숨으로 가는 길은 두 가지가 있는데, 비포장도로로 가는 지름길과 포장도로이면서 좀 돌아오는 길이 있다고 한다. 일단 갈 때는 비포장도로로 가고, 올 때는 포장도로로 오기로 했다.

출발한 지 1시간 30분 정도가 지나서 2,300m부터는 구름이 내 옆을 지나가고 있었고, 2,600m로 올라가니 이제는 안개가 낀 것처럼 앞이 잘 보이질 않았다. 차를 타고 구름 속을 지나가다니, 고산 지대에서만 가능한 일이다. 구름 속에서 비가 조금씩 내리기도 하고, 어떤 구간에서는 앞이 10m 정도도 보이질 않아서 아주 천천히 가야만 했다. 구름 냄새를 맡으면서 길을 지나는 것은 색다른 경험이었다.

산길을 지나 도로 옆에서 부서져 있는 탱크가 방치돼 있는 것을 보았다. 운전기사에게 물어보니, 이 탱크는 사회주의정권과 전쟁을 하면서 부서진 탱크라고 한다. 포탄을 맞았는지, 탱크에 구멍이 나 있었다. 그리고 바퀴는 타이어로 만들어졌는지, 고무가 탄 흔적이 보였다. 길가에 탱크가 뒹굴고 있는 모습이 신기하게 보였다. 한국 같으면 고철이라도 팔아먹을 것 같은데, 에티오피아는 아직까지 고철을 수거해서 다시 재활용하는 시스템이 원활하지 않은 것 같기도 하고 전쟁의 상처들이 아직까지 끝나지 않았다는 것도 느낄 수 있었다.

이 고개에서 많은 사람들이 죽었을 거라는 생각이 들었다. 에티오피아는 사회주의정권과 전쟁을 하였고, 다시 에리트레아와 전쟁을 했다. 에티오피아 북부 지방에 있는 티그라이 주는 에리트레아라는 국가와 바로 붙어 있는 주이다. 두 나라가 전쟁을 하게 된 이야기는 너무나 많은 설이 있어서 정확히는 알 수 없으나, 현재는 비공식적으로 국경을 왔다 가기도 한다. 메켈레에 살고 있는 외국인의 집에서 일하는 사람이 에리트레아 사람인 경우도 있었고, 친척이 에리트레아에 있어서 갔다 온다고 하는 사람도 있었다.

가는 길에 쉬어 간 마을. 카페에서 커피를 한 잔 마셨다.

길가에 탱크가 버려져 있다.

다시 한 시간 정도를 가다 보니, 가축시장이 열리고 있었다. 많은 사람들이 소를 사기 위해서 모여 있었다. 잠깐씩이긴 하지만 이렇게 여행을 하면서, 이 나라를 좀 더 폭넓게 이해할 수 있을 것 같다.

악슘에 거의 도착하니, 도로가 돌로 만들어져 있다. 비포장도로이지만, 돌을 한 겹씩 깔아서 만들어진 길은 정말 오래된 도시로 들어가는 듯한 느낌을 주었다.

드디어 악슘에 도착하였다. 여행책자에 나온 호텔 중 하나인 램하이(Ramhai)호텔을 예약 하였다.

램하이호텔에 도착하니, 호텔 앞 대학에서 졸업식을 하고 있었다. 졸업가운을 입은 사람들이 사진을 찍고 분주하게 움직인다. 전통복장을 입은 사람과 졸업식 가운을 입은 사람 등 졸업식의 모습은 어느 나라나 다 똑같은 것 같았다.

호텔은 생각보다는 깨끗하였고, 거주증이 있어서 293Birr(29,300원)를 지불하였다. 마침 점심때라 호텔에서 점심을 먹었다. 최근 메켈레의 악슘호텔에는 10일 전부터 피자용 치즈가 다 떨어졌고, 소고기도 며칠째 들어오지 않아서, 먹을 수 있는 것들이 더 줄어들었는데, 악슘에 있는 램하이호텔에서는 소고기 스테이크를 먹을 수 있었다.

점심을 먹고 악슘 구경을 시작했다.

가축시장

졸업식 모습

먼저 St. Mary of Zion 교회로 갔다. 유명한 교회라는데 밖에서 둘러보니 교회가 오래되지 않아서 별로 끌리지는 않았지만, 운전기사가 정말 성스러운 곳에 왔다는 것처럼 기도를 하고 있다. 교회주변에 서 있던 한 명이 우리에게 다가와서 가이드를 해 주겠다고 하면서, 이곳을 둘러보는 데는 60Birr라고 한다. 60Birr를 주고 오래되지도 않은 교회를 들어가고 싶지는 않았다. 주변을 둘러보려고 했는데, 돈을 내지 않으면 주변도 보지 못한다고 이야기를 해서 외국인한테 텃세를 부리는 것 같아 기분이 나빠져서 그냥 다른 곳을 먼저 보기로 결정했다.

교회 뒤에 있는 오벨리스크로 들어가려고 하니, 입장권이 있어야 한다고 한다. 입장권은 오벨리스크 앞에서 파는 것이 아니고, 시내에 있는 관광청에서 살 수 있다고 해서 운전기사와 같이 시내에 있는 관광청으로 갔다. 오벨리스크를 볼 수 있는 입장권 가격은 거주증을 가지

고 있는 외국인은 5Birr, 에티오
피아인은 2Birr였다.

악슘 관광청 매표소는 정말
허름한 건물에 들어가 있었는데,
전혀 매표소 같지 않은 곳에서
표를 팔고 있었다. 돈을 받으면
서 입장권을 발권하는데, 자기의

악슘 관광청 매표소

볼펜이 나오지 않는다고 우리 볼펜을 빌려서 발권해 주었다.

입장권을 사서 오벨리스크가 있는 곳에 들어갔다. 밖에서도 큰 오벨
리스크를 볼 수 있었지만, 안으로 들어가 바로 옆에서 보니 훨씬 좋아
보였다. 돌로 만들어진 오벨리스크를 만져 보기도 하고, 부서진 오벨리
스크 밑으로 걸어가면서 구경을 하였다. 가장 큰 오벨리스크는 몇 동
강으로 부서져 있었다. 이 오벨리스크가 어떤 과정으로 넘어져서 부서
졌는지는 모르겠지만, 빨리 복원되었으면 좋겠다는 생각이 들었다. 그
리고 한쪽에서는 이탈리아에서 반환된 오벨리스크를 복원하는 모습을
볼 수 있었다. 운전기사는 우리 덕분에 악슘여행을 하게 되어서인지
신이 나 있다.

오벨리스크 주변에는 왕들의 고분이 있었다. 유리로 안을 볼 수 있도
록 만들어 놓았지만 유리가 워낙 더러워서 안의 모습은 하나도 보이질
않았다. 고분 앞에는 쇠창살이 있어서 안까지는 구경을 못하게 되어 있
었다. 고분을 구경하고, 새로 만들고 있는 박물관 쪽으로 걸어갔다. 담

벼락을 돌로 만들어 놓았는데, 정말 멋있게 만들어 놓은 것 같았다.

박물관 입구 쪽으로 갔다. 경비원이 유리문으로 다가왔다. 박물관은 아직까지 건축 중에 있어서 밖에서 표를 보여 주니, 안에서 잠긴 문을 열어 주었다. 우리가 들어가니 바로 문을 잠그고 설명을 하기 시작했다. 아직까지 세팅이 완벽하게 이루어져 있지 않아서, 유물을 바로 앞에서 볼 수 있었다. 천 년이 넘은 토기가 플라스틱 통 안에 있어 각종 유물을 자세히 볼 수 있었다. 풍성했던 문화에 비해서 유물들이 별로 없어서 좀 실망스러웠다. 아마 도굴꾼들이 좋은 것은 다 가지고 간 것 같았다. 유리 장식장 안에 있는 유물은 시중의 플라스틱 버터 통 안에 들어가 있는 것도 있었다. 아직까지 많은 문화재들이 방치되고 있는 것 같았다. 경비원이 영어를 잘해서 잘 알아들을 수 있었는데, 설명을 듣고 나갈 때는 설명 들은 대가로 팁을 주어야만 했다.

박물관 구경을 마치고 나와서 ‘False Door’라는 고분으로 들어갔다. 그곳에는 돌로 만들어진 문 형태 조각 앞에 고분으로 들어가는 계단이 있었다. 대략 4~6세기경의 무덤이라고 하는데, 직접 고분으로 들어가서 안을 구경할 수 있었다. 텅 빈 방들을 지나 석관이 있는 방에서 되돌아 나와 다른 출구 쪽 사다리를 통해서 나왔다.

출구 쪽으로 나오니 우리 주변으로 기념품을 팔기 위해 사람들이 모여들었다.

한 시간 반 정도를 오벨리스크와 박물과 고분을 구경하고, 다음 목
적지로 향했다.

부서진 오벨리스크가 내부에 누워져 있다.

쓰러져 가는 오벨리스크를 줄로 잡아서
다시 수정하고 있다.

건축 중인 박물관 모습

오래된 토기가 플라스틱 통 안에 놓여 있다.

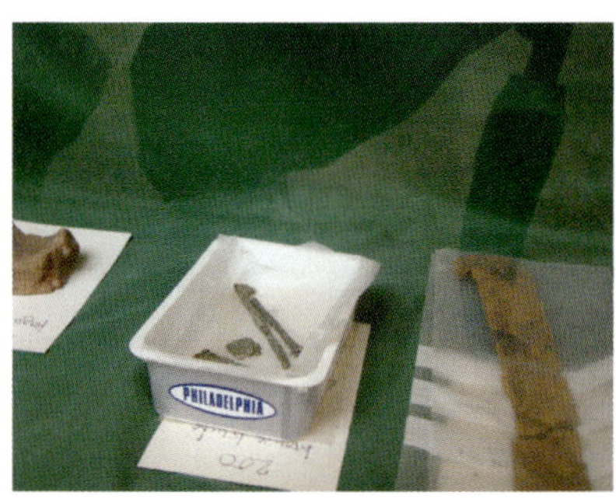

버터 통에 들어 있는 유물

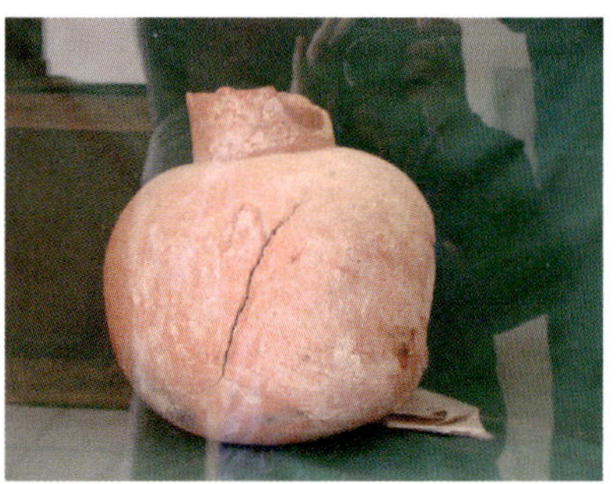

항아리 형태의 유물

고분

False Door

False Door의 내부 모습

정말 멋진 박물관의 돌담

세인트 메리 기온 교회박물관

우리는 가이드를 따로 두지 않았기 때문에, 운전기사에게 여행책자에 나와 있는 St Mary of Zion(세인트 메리 기온) 교회로 가자고 하니 아까 갔던 그 교회라고 하였다. 가이드를 하려는 사람 때문에 기분이 나빠서 그냥 되돌아왔던 교회가 가장 오래된 교회라니, 겉보기와는 다른 것 같아서 일단 둘러보기로 결정했다.

교회 쪽으로 걸어가는 동안 교회 주변에 있던 사람들이 서로 가이드를 하겠다고 따라왔지만, 다른 외국인 관광객을 따라가니 앞에 있는 것보다 훨씬 오래된 교회가 나타났다. 에티오피아 사람은 공짜이고, 외국인은 60Birr(6,000원)의 관람료를 내야 한다고 한다. 에티오피아 사람은 공짜이지만 일반인들은 함부로 들어가지 못하기 때문에, 운전기사는 우리가 표를 산 덕택에 따라갈 수 있는 혜택을 누리게 되었다.

교회에 들어가니 한 명의 가이드가 따라왔다. 입장료에 가이드 비용

새로운 교회의 모습 중앙에 교회종탑이 있다.

이 포함되어 있는 것 같았다. 첫 코스는 교회박물관이었는데, 예전부터 성직자와 왕들이 입었던 옷들이 전시되어 있었다. 옷은 금박과 화려한 무늬로 치장되어 있었고, 각종 옷들과 왕관 등이 빽빽하게 전시되어 있었다. 유물은 너무 많고, 공간은 좁아서 겹쳐 전시되어 있는 것들도 있었다. 가이드 말에 의하면, 지금 유네스코에서 박물관을 지어 줄 계획을 가지고 있는데, 박물관이 지어지면 이 교회에 있는 각종 유물들을 그곳으로 옮겨서 보관하게 될 것이라고 한다. 이곳에는 수백 년 된 왕관, 오래된 성경책, 각종 종교의식에 사용하였던 물건, 양산들이 전시되어 있었다. 성경책은 염소 가죽에 한 장 한 장 만들어졌고, 글자는

새로운 교회의 예배를 보는 공간

대나무를 이용해서 적었다고 하였다. 성경책 한 장에 염소 한 마리를 이용해서 성경을 만들었다고 한다. 오래된 성경에 적혀 있는 문자는 고대 문자를 사용하고 있었다.

교회박물관은 촬영금지라서, 열심히 눈으로만 구경하였다. 교회박물관에서 나와서 1950년에 지어진 교회로 갔다. 초기 교회에서는 여자들의 교회 출입이 엄격히 금지되어, 여자들은 교회 밖에서 예배를 보았다고 한다. 이 교회는 영국여왕이 왔을 때 만들었다고 한다. 교회건물 한복판에는 영국여왕이 가지고 왔다는 샹들리에가 천장에 설치되어 있다. 그리고 가이드가 오래된 성경을 촬영할 수 있도록 해 주었다. 몇 년이 되었는지는 모르겠지만 최소한 100년 이상은 된 성경인 것 같은데, 역사적인 도시에 들어오니 백 년이라는 시간은 오래된 것처럼 느껴지지 않았다. 교회 안에서 예배를 보는 공간 등을 구경하고 다음 교회로 향했다.

예배 보는 공간에 있는 공간 한쪽 벽면에 있는 조각

예수님이 십자가에 못 박혀 있을 때 밑에 있는 사람들이 눈물 흘리는 모습

세인트 조지의 모습. 에티오피아에서 세인트 조지는 맥주상표로서 더 유명하다.

새 교회를 둘러본 후, 여행책자에 나오는 교회로 갔다. 세인트 메리인 교회 주변에는 몇 개의 교회가 있는데, 각 교회마다 여러 가지 십자가 모습이 있었다. 이유를 물어보니, 각 시대별로 십자가 형태가 다르다고 하였다. 같은 곳에 있지만, 각각 만들어진 시기에 따라 십자가 형태가 각각 다르게 되어 있었다.

오래된 교회의 앞으로 가니, 과연 역사의 깊이가 느껴졌다. 이 교회는 훨씬 이전부터 만들어졌으나, 1535년에 에티오피아왕 중에서 한 명이 종교적인 이유로 모든 교회를 없애버리라고 했을 때 부서져 버렸고, 1665년에 다시 만든 것이라고 한다. 아마 그 왕이 많은 교회를 없애버리지만 않았어도, 에티오피아에 남아 있는 교회가 엄청났을 것 같은데……

문을 열고 들어가니, 공포의 카펫이 깔려 있다. 특별한 곳이라 카펫을 깔아 놓은 것 같지만, 갑자기 들어갈 것인지 그냥 나갈 것인지 갈등이 생기기 시작했다. 벼룩한테 물리면 끝장이라는 생각에 망설였지만, 일단 이곳까지 왔으니 한 번 들어가 보자고 생각하였다. 카펫은 벼룩이 가장 많이 숨어 있는 공간이기 때문에, 모든 정신을 다리와 바지에 집중하고 교회 안으로 들어갔다.

가이드가 나에게 당신은 정말 운 좋은 사람이라고 하면서, 오늘은 토요일이라 토요일에만 보여 주는 성화를 보여 주겠다고 했다. 그러면서 앞에 서면 사진을 찍어 주겠다고 포즈를 취하라고 한다. 앞에 서서 사진을 찍고, 성화를 구경하였다. 나는 오래된 성화를 보는 것은 좋아하지만, 벼룩에 대한 공포로 인해 빨리 나가고 싶었다.

모든 구경을 마치고 나니, 가이드가 소중한 성화를 볼 수도 있었으니 본인과 옆에 있는 성직자(교회에서 일하면 전부 다 성직자라고 말하는 것 같았다)에게 기부를 하라고 한다. 사진도 찍어 주고 친절하게 해 주었기에 팁을 줄 생각은 있었지만, 이렇게 노골적으로 돈을 요구할 줄은 몰랐다. 일단 교회 가이드에게 20Birr를 주고 옆에 있는 성직자(경비원)에게 10Birr를 주었다. 교회 직원의 월급은 1,000Birr 정도가 될 것이고, 경비원은 500Birr 정도가 될 것이라고 운전기사가 말해 주었다.

교회를 나오면서, 바지를 엄청나게 털었다. 혹시 벼룩이 붙어 있을까 걱정을 하면서, 다음 행선지로 향했다.

1665년에 만들어진 교회

교회 앞에 있는 지키는 공간

교회 내부 모습

교회 벽 모습

교회에 있는 성화의 모습들

십자가의 다양한 형태

이제 오벨리스크와 교회가 있는 곳에서 차로 20분 정도 떨어져 있는 시바 여왕의 궁궐을 가기로 했다. 시바 여왕이 살았다는 궁궐 같으면 대단할 것이라는 생각이 들었는데, 막상 도착해 보니 돌로 만들어진 미로 같은 벽만 보였다. 그리고 입구에는 관리인도 보이질 않았다. 입구 안으로 들어가니, 서양 관광객이 전망대에 서서 구경을 하고 있었다. 미로 같은 궁궐을 돌아서 전망대로 갔다. 전망대에서 보니 방으로 사용했던 곳들을 볼 수 있었다. 궁궐의 크기가 커 보이지는 않았지만 오히려 너무 작은 궁궐터에서, 이때의 왕은 그냥 일반 사람들과 비슷하게 살았을 것 같다는 생각이 들었다. 돌로 만들어진 궁궐 벽만 남아 있고, 지붕은 하나도 없었다. 아마 궁궐의 지붕은 나무나 흙을 이용해서 만들어졌을 것이다. 북부 지방의 집들이 지붕은 나무로 먼저 골조를 만들고 그 위에 흙을 바르는 방식을 사용하니 그 방식이 가장 유력

해 보이지만, 확실한 것은 알 수 없었다. 궁궐이라고 생각하고 안을 몇 바퀴 돌았다. 미로처럼 되어 있어서 돌아다니기는 쉽지 않았다. 궁궐에 대한 자세한 설명이 없어서 가이드라도 한 명 데리고 왔더라면 나았을 텐데 하는 후회도 들었다. 아무런 정보가 표시되어 있지 않으니, 보이는 것은 돌로 만든 벽이 대부분이었다.

궁궐을 구경하고 밖으로 나오니 궁전 앞에 오벨리스크 군락지가 있었다. 밭으로 사용하고 있는 것 같은데, 그 안에 오벨리스크 여러 개가 들어가 있었다. 아마 악슘에서는 오벨리스크가 크게 신기하지 않을 정도로 많았다.

시바의 궁궐을 다 보고 나서, 시바의 목욕탕에 가기로 했다. 문화재에 설명을 잘해 놓지 않아서, 문화재라고는 하지만 내가 직접 이해해야 하니 오히려 시간이 걸리지 않았다. 시바 여왕의 목욕탕은 저수지로 이용되고 있었다. 물이 들어가 있는데, 목욕탕이라기보다는 수영장에 가까웠다. 그리고 궁궐터에서 차로 20분 정도 떨어져 있는 것으로 보아 시바제국의 여러 왕 중에서 목욕을 좋아하는 소수만이 이 시설을 이용했을 것이라는 생각이 들었다. 시바의 목욕탕은 시멘트를 이용해서 보수를 해 놓아서인지 역사적인 문화재같이 보이질 않았다.

시바 여왕의 궁궐터

궁궐터를 볼 수 있는 전망대

궁궐터 내부 모습

시바 여왕의 목욕탕

다양한 오벨리스크

교회와 시바 여왕의 궁궐, 오벨리스크를 보고 나니 5시가 되었다. 주변 관광지는 모두 보았기 때문에, 석양이 아름답다고 하는 예하 호텔로 갔다. 이 호텔은 오벨리스크와 교회의 바로 앞에 있는 언덕에 위에 있어서, 문화재들을 잘 볼 수 있다.

카페에 앉아서 오벨리스크를 보고 있는데, 오벨리스크 주변에서 이탈리아 사람들이 보수 작업을 해 주는 것이었다. 오후에 오벨리스크 내부로 들어갔을 때는 펜스로 가려져 있어서 보지 못했는데, 언덕에서 보니 아래의 모습들을 전부 다 볼 수 있었다. 식민지 시대 때 오벨리스크를 빼앗아 갔던 이탈리아가 반환하고 보수 작업을 해 주는 것이다. 오벨리스크를 다시 설치하기 위해서 설치 지점에 기중기가 설치되어 있었다. 이탈리아로 가져가기 위해서 오벨리스크를 2~3조각으로 분리해서 실어 나갔다고 한다. 이것을 다시 한 개로 만들기 위해서 분리된

몸체에 돌을 집어넣어서 연결하는 방식으로 다시 결합하는 작업을 하는 것 같았다. 많은 작업자들이 움직이지만, 중요한 문화재이기 때문에 아주 섬세하게 작업을 하고 있었다.

에티오피아는 악숨과 같은 훌륭한 문화재를 가지고 있으나, 교통 및 인프라의 문제로 관광산업으로 발달시키지는 못하고 있는 것 같았다.

숙소에 돌아오니, 비가 내리기 시작했다. 점점 더 추워진다. 너무 추워서 잠을 잘 수가 없을 지경이다. 메켈레 호텔에 있었으면 전기장판이라도 켰을 텐데, 전기장판이 그립다. 오후에 입고 다녔던 잠바를 입고 싶었지만, 교회에서 카펫을 밟고 다녔기 때문에 입었던 옷을 다시 입고 잘 수가 없어서 가방에 끼워 넣고 다니는 일회용 비옷을 입고 자기로 했다. 일회용 비옷을 입고 자니, 내 몸의 열기가 빠져나가지 않아서 춥지는 않았다.

밤이 되자 점점 비가 많이 내리기 시작한다.

오벨리스크 위치하는 곳에 만들어진 기중기

오벨리스크 본체에 돌로 키를 만들어서 합체작업을 한다.

오벨리스크를 보수하는 작업장 모습

악숨 내에는 여러 곳에 오벨리스크가 있는
곳들을 쉽게 볼 수 있다.

예하 호텔

악숨에서 출발

아침에 일어나니, 어제 입고 잔 옷이 일회용 비옷이라서 밤새 땀이 전혀 배출되지 않아 축축하였다. 그래도 벼룩에게 물리지 않았으니 다행이라는 생각이 들었다. 호텔을 체크아웃하고, 메켈레로 출발했다.

악숨에서 차에 기름을 넣으러 주유소로 갔다. 주유소에는 많은 차가 기다리고 있었다. 왜 이리 많은 차가 움직이지도 않고 있냐고 물어보니, 주유원이 손님들은 상관없이 아침을 먹으러 가서, 이 많은 차들이 기다리고 있다는 것이다.

운전기사에게 다른 도시에 가서 기름을 넣으면 안 되냐고 물어보니, 중간에 있는 작은 도시에는 기름이 없을 확률이 높아서

악숨에 있는 주유소

이곳에서 넣는 것이 좋다고 한다. 요즘에는 고유가라서 그런지 기름이 없는 주유소가 많다. 메컬레로 가는 도중에 기름이 없어서 중간에 서는 것보다는 기다리는 것이 더 낫다고 생각했다. 기다린 지 10분이 지나니 주유원이 도착하여서, 한 대씩 기름을 넣기 시작했다. 주유원이 아침을 먹고 온다고 기다렸어도 아무도 불평하는 사람이 없다.

악슘 외곽으로 나가니 공항 근처에 아주 넓은 평야 지대가 있었다. 이렇게 넓은 평야가 있는 것으로 보아, 당시에는 이곳이 곡창지대였을 것 같았다. 그리고 토양의 색깔도 다른 지역과 달리, 영양분이 많은 토양같이 느껴졌다.

램하이 호텔 모습

오벨리스크가 줄지어 서 있는 모습

악숨 지역에 넓게 펼쳐진 평야지대와 곳곳에 있는 민가들

아디그라드 경유

악숨에서 메켈레로 돌아올 때에는, 돌아서 가긴 하지만 에티오피아와 에리트레아의 국경이 있는 가장 큰 도시인 아디그라드(Adigrat)를 거쳐서 메켈레로 가기로 했다. 거리는 멀지만 도로가 포장되어 있고, 최대한 다양한 것을 보고 싶어서 가는 길과 오는 길을 다르게 선택했다.

산들이 많은 티그라이 주라서 그런지 계속해서 산지를 달리고 있다. 계속 오르막길이라서 GPS에서 나오는 높이가 점점 빨리 올라가고 있다. 처음에는 2,000m, 점점 올라가다 보니 3,000m가 넘었다. 점점 올라가니 고갯마루에서 공터가 나왔다. 일단 차를 세우고, GPS를 보니 고도가 3,053m이다. 아마 내가 비행기를 타지 않고 발로 땅을 밟고 있는 높이로는 최고의 높이에 온 것 같았다. 기념으로 사진을 찍었다. 내려가야 할 길이 저 멀리로 보였다. 이런 높은 곳이 많으니, 에티오피아 마라톤이 유명한 것 같았다.

아디그라드 도심지 풍경

　3,053m에서 계속되는 내리막길로 아디그라드에 도착하였다. 운전기사가 친척을 만나야 하니 한 시간만 기다려 달라고 한다. 아디그라드 중심부에 있는 찻집에서 커피를 마시면서 운전기사를 기다렸다. 운전기사는 한 시간 반이 넘어서 나타났고, 우리는 다시 메켈레로 출발을 하였다.

　아디그라드에서 메켈레로 돌아오는 길은 산을 타고 가야 하는 길이었다. 산의 끝자락을 따라서 길들이 만들어져 있었다. 절벽 같은 곳의 옆에 돌을 쌓아서 축대를 만들고, 그 위에는 2차선 도로가 만들어져 있었다. 중국의 도로회사가 만들고 있었는데, 성벽을 쌓는 것처럼 절벽 옆에 도로를 만들고 있었다. 아슬아슬한 도로는 정말 예술에 가까웠다. 이런 절벽에 돌을 이용해서 도로를 만들 수 있다는 것이 대단하게 느껴졌고, 위쪽에서 큰 차가 지나갈 때에는 아찔한 생각이 들었다. 절벽 위에 놓여 있는 길을 따라서 메켈레로 오니 오후 4시였다. 호텔에 도착하니 집에 온 것 같다. 식당에 가서 호텔직원에게 악숨을 다녀온 이야기를 해 주면서 주말을 마무리했다. 식당에 있는 직원들은, 절반 이상이 악숨에 갔다 와서, 자기가 갔다 온 이야기도 나에게 들려주었다.

아디그라드로 내려오는 내리막길

절벽에 돌을 쌓아서 도로를 만들었다.

이발소에 가기

거의 한 달 만에 다시 아디스아바바를 가게 되었다. 이번 아디스아바바에서는 이발소에 가기로 했다. 한국에 돌아가서 머리를 자르려고 했는데 너무나 답답해서, 에티오피아에서 머리를 자르기로 했다. 이발은 한국에서 해도 마음에 들지 않을 때가 많은데, 해외에서는 더 마음에 들지 않는다. 동남아 지역에서는 가위라도 이용해서 남자의 머리를 깎지만, 아프리카에서는 현지인의 머리가 곱슬이라 이발기(일명 바리캉)로 자르기 때문에, 가위질을 잘하지 못한다. 해외에 나간 사람들은 대부분 이발을 자체적으로 해결하거나, 아니면 몇 안 되는 곳에서 해야 한다.

에티오피아에서 가위로 이발이 가능한 곳은 힐튼호텔에 있는 이발소다. 몇 군데가 있다고는 하지만, 많은 사람이 힐튼호텔을 추천해 주었다. 힐튼호텔에 가니 이발소와 미장원은 호텔 건물내부에 들어가 있지 않고, 별도의 건물(별관)에 따로 떨어져 있었다. 이발소에 들어가니 한 외국인이 먼저 머리를 깎기 위해서 기다리고 있었다. 이발의자에 앉아서, 같은 스타일로 짧게만 깎아 달라고 이발사에게 이야기를 했다. 처음에는 이발기를 사용해서 깎기 시작하는데, 거의 30분 이상이 걸렸다. 그리

힐튼 호텔 이발소 입구

고 가위로 다시 자르기 시작한다. 약 20분이 지나니 머리를 다 깎았다고 한다. 머리를 감고 나니, 이발이 끝이 났다. 자른 머리가 이상해 보이질 않았으니 성공한 것이다.

이발사가 금액이 적힌 종이를 주면서 계산대에 가서 돈을 내라고 하였다. 입구의 왼쪽에는 이발소가 있고 오른쪽에는 미장원이 있는데, 그 중간에 계산대가 있어서 양쪽에서 나온 사람들에게 돈을 받는 것 같았다. 이발비는 39Birr(3,900원)이었다.

머리를 깎고 힐튼호텔 로비에서 커피를 마셨다. 메켈레에서 커피를 시키면 항상 에티오피아식으로 만들어 주기 때문에, 오래간만에 아메리칸 스타일의 커피를 시켰다. 커피 가격은 한 잔에 22.5Birr이었다. 오래간만에 머리도 깎고 힐튼호텔과 같이 좋은 호텔에 앉아 있으니, 이곳이 에티오피아라는 느낌이 전혀 들지 않는다.

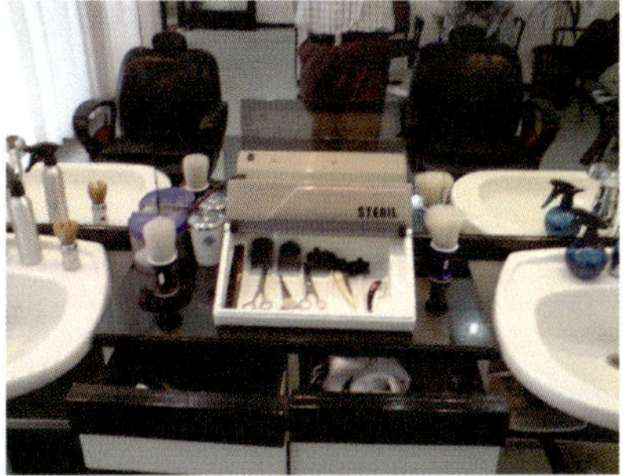

힐튼 호텔 이발소와 미장원

힐튼 호텔 커피숍

우선 인터넷 공유기가 고장 났다

아침부터 인터넷이 되지 않아 확인을 하니, 인터넷 공유기의 전원이 아예 들어오지 않는다. 인터넷 공유기는 한국에서는 7만 원 정도면 살 수 있는데, 메켈레에서는 거의 20만원 정도 하였다. 그래서 한국에서 들어온 직원이 가져왔는데 고장이 났다. 인터넷 공유기 자체는 여기서 수리가 불가능할 것 같지만, 만약 전기 어댑터가 고장 난 거라면 아마 수리가 가능할 것 같다.

전자제품 수리점 입구

운전기사에게 전자제품을 수리하는 곳으로 가자고 하니, 이상한 곳으로 데리고 갔다. 그래서 다른 곳을 찾으려고 하니 생각나는 사람이 은철 씨와 준수 씨이다. 두 사람에게 전화를 걸어 전기 어댑터를 수리할 수 있는 곳을 물어보니, DVD와 소니 PS2(게임기) 같은 제품을 수리하는 곳이 있다고 한다. 일단 그곳으로 찾아갔다.

아프리카 전자제품(Africa Electronics)이라는 전자수리점에 도착하였다. 꼭 옛날 한국에 있던 전파상 같아 보였다. 전자제품이 고장 나면, 저항이나 콘덴서를 교환해서 고치는 것 같았다. 게임기인 SONY 플레이 스테이션을 많이 고치는지 한쪽에 쌓여 있었고, DVD 플레이어도 한쪽 벽에 쌓여 있었다.

기술자에게 전기 어댑터가 고장인지, 무선 인터넷 공유기가 고장인지를 물어보니, 이곳저곳을 체크하더니 전기 어댑터가 고장이라고 하였다. 가지고 간 12V짜리 어댑터를 고치는 데 60Birr(6,000원)을 달라고 한다. 그냥 주기는 아까워서 50Birr로 흥정을 했다. 내가 보기엔 30Birr

면 가능할 것 같지만, 외국인이니까 스킨텍스(skin tax)를 낸다는 생각
을 하기로 했다.

　30분 정도가 지나니, 수리를 다 했다고 한다. 수리한 전기 어댑터를
이용해서 인터넷 공유기를 작동시키니 일단 전원이 들어온다. 워낙 정
전이 많이 되니, 전자제품들이 고장이 잘 나는 것 같은데, 고장이 나더
라도 좀 싼 것만 고장이 나면 좋겠다.

전자제품 수리점 내부

라리벨라(lalibella)로 출발

한국으로 돌아갈 날이 드디어 10일밖에 남지 않았다. 에티오피아에서 보내는 마지막 주말이라 라리벨라에 가기로 했다. 티그라이 주에 속해 있는 메켈레에서 라리벨라는 5시간에서 6시간 정도 걸린다. 에티오피아의 3대 관광지는 악슘, 라리벨라, 곤달인데, 악슘은 2주 전에 갔다 왔고, 라리벨라는 바위 속에 만들어 놓은 교회들이 유명하고, 곤달은 성곽 건축물들이 유명하다.

여행책자를 보니 라리벨라에서 가장 조심해야 될 것이 벼룩으로 되어 있었다. 교회의 바닥으로 몸에 타고 올라갈 수 있는 벼룩에 대한 이야기를 너무 많이 들어서인지 좀 꺼려졌지만, 곤달은 주말을 이용해서 갔다 오기에도 너무나 먼데, 이번 주말이 아니면 도저히 시간이 안 돼 라리벨라로 가기로 결정했다.

티그라이 지방에 나 있는 도로(산길이지만 포장이 잘되어 있다)

아침 6시에 출발하기로 했지만, 이것저것 준비하다가 조금 늦어 버렸다. 운전기사는 메켈레에 살면서도 아직 한 번도 라리벨라에 가 보지 못했다고 한다. 우리보다 운전기사가 더 들떠 있는 것 같다. 숙박비와 식비 등을 모두 다 해결할 수 있고, 갔다 오면 조금의 팁도 받을 수 있으니, 운전기사에게는 손해 보는 일이 아니다.

티그라이 주는 모든 도로가 꼬불꼬불하게 산을 타고 다니도록 되어 있어서, 티그라이 주를 벗어나서 라리벨라까지 가는 것이 쉽지만은 않다. 메켈레에서 약 4시간 동안 달리니 라리벨라라는 이정표가 나왔다.

이정표가 많지 않은 지역인데 워낙 유명한 곳이라서 이정표가 있는 것 같다. 메켈레에서 라리벨라까지는 300km인데, 여기서부터는 비포장도로이지만 이제 100km 정도만 가면 도착할 수 있을 거란 생각에 기대가 되었다. 현재 10시 50분이니, 2시간에서 3시간 정도만 더 가면 도착할 것이니 라리벨라에서 점심을 먹기로 했다.

이정표가 있는 곳부터 비포장도로를 달리기 시작했다. 라리벨라는 큰 도시라고는 하는데 마주 오는 차가 한 대도 없다. 비포장도로를 통해 점점 산속으로 들어가고 있고, 고도는 점점 높아진다. 산 위로 올라갈수록 날씨도 나빠져, 비가 내리기 시작했다. 차들이 많이 다니지 않아서인지 도로 상태는 좋지 않았다. 너무 급경사이고 옆에는 절벽이 있어서, 좀 불안했다. 차는 비에 젖은 노면 위에서 조금씩 미끄러졌다. 운전기사에게 사륜구동으로 가자고 해도 말을 듣지 않는다. 정말 급경사 길에서만 4L(사륜 저속)을 넣고 간다. 평지에서도 4H(사륜 고속)를 넣고 가자고 해도, 워낙 이런 길이 익숙한 것인지 별로 불안해하지 않는 모양이었다. 벼룩보다 절벽이 더 무서워지기 시작했다(차가 완벽하게 절벽에 붙어서 가는 것은 아니었지만, 조수석에서는 절벽 밑이 바로 보였기 때문에 정말 불안했다).

내리막길이 시작되니 비가 어느 정도 그치고, 내려올 때 운전기사에게 다시 4H(사륜 고속)에 대해서 운전기사에게 설명을 해 주었다. 운전기사는 지금까지 4L만 사용해 보았기 때문에, 4H를 사용한 경험이 없어서 나의 말을 듣지 않은 것 같았다. 이제 4H를 넣고 갈까 물어보는데, 이제는 평지

이고 길이 많이 미끄럽지 않기
때문에 2H로 가자고 했다.

한 시간 정도 달리면서 느낀
것은 이 길이 라리벨라로 가는
주 도로라기보다는 작은 간선
도로로 산길을 돌아서 가는 길
이라는 것이다. 비록 길은 안

라리벨라를 나타내는 이정표

좋았지만 산속에 있는 많은 마을들의 모습을 볼 수 있었다. 산길을 가다가
작은 마을에 들어가면 도로를 중간으로 놓고 집들이 붙어 있어서 산골 마을
을 이루고 있다. 중간 중간 나오는 마을에서 운전기사가 지나가는 사람에게
이 길이 라리벨라로 가는 길이 맞냐고 계속 물어보면서, 오후 4시가 넘어서야
겨우 라리벨라에 도착하였다. 100km를 오는 데 장장 5시간이 걸린 것이다.

일단 여행책자에서 가장 좋다고 적혀 있는 로하호텔(ROHA)에 체크
인을 했다. 객실은 생각보다 깨끗하지는 않았지만, 호텔 내부 인테리어
는 멋있게 되어 있었다. 유럽적인 시각으로 적혀 있는 책에서는 전통
적인 미가 많이 들어 있는 호텔일수록 높은 평가를 받지만, 나는 깨끗
한 호텔이 좋기 때문에 조금 시각차가 있다.

로하호텔에서 4시가 넘어서 점심으로 스테이크를 먹었는데 기대 이
상으로 맛있었다. 오늘 라리벨라 교회를 둘러보는 것은 힘들 것 같아
호텔 앞을 산책하면서 쉬기로 했다. 산책을 하는데 일본사람인지 물어
본다. 에티오피아의 다른 곳에서는 중국사람인지 물어보는데, 관광지

328

라리벨라로 가는 길(차 두 대가 겨우 지나갈 수 있다)

라서 일본사람이냐고 묻는 것 같았다.

호텔들과 관광지가 있는 길에는 기념품가게와 슈퍼마켓, 인터넷카페 등이 있었다. 슈퍼마켓이라고 하지만 작은 구멍가게에 불과하지만, 작은 구멍가게치고는 제법 고급스러운 물건들을 팔고 있었다. 과자와 술, 건전지와 메모리카드 등을 파는데 대부분 유명한 상표들이다. 나는 모기 퇴치 스프레이와 랜턴을 하나 샀다. 호텔 앞 도로는 돌로 만들어져 있었다. 지금도 보수 공사를 하고 있는지 돌들이 쌓여 있는 모습도 볼 수 있었고, 굴렁쇠를 가지고 노는 아이도 보였다. 관광객의 수요가 많아지는 것인지 길을 따라서 새로운 호텔 건축 현장이 몇 개씩 보였다.

그런데 휴대폰이 되지 않는다. 물론 중간 중간에 전화가 되지 않는 구간이 많이 있을 거라고 생각했지만, 라리벨라에서는 전혀 휴대폰이 되지 않는다. 통신이 되지 않는 곳에 들어가면 왠지 아직까지는 불안하다. 저녁을 간단하게 먹고 빨리 잠자리에 들었다. 몸이 정말 피곤하다.

티그라이 주 경계에 있는
AHADU의 거리 모습

완전히 절벽 옆으로 길이 나 있다.

로하호텔

로하호텔 레스토랑

라리벨라에 있는 기념품 가게와 슈퍼마켓. 인터넷카페

슈퍼마켓 내부(유명상품들이 많은 것을 보니 관광객을 중심으로 장사하는 것 같다)

굴렁쇠를 가지고 노는 아이

라리벨라 길거리 모습

라리벨라 구경하기

레스토랑에서 아침식사를 하였다. 호텔비는 364Birr인데, 아침식사는 30Birr 정도이다. 한국이나 다른 아프리카 국가에 비하여 엄청나게 싼 편이지만, 에티오피아 물가를 생각해 보면 비싼 편이다.

라리벨라를 8시부터 개방한다고 해서, 호텔에서 7시 30분에 출발했다. 교회 앞에 도착하니, 일요일이라서 예배를 보러 온 현지인들이 많았다. 우리에겐 관광지이지만 이곳 사람들에게는 교회인 것이다. 입장권은 14세 이상이면 200Birr이고, 어린이들은 100Birr, 비디오카메라를 들고 가면 300Birr를 내야 한다고 한다. 물론 현지인은 공짜이다.

가이드를 찾으려고 하니 이상하게 아무도 보이질 않는다. 보통 관광지에서는 그냥 서 있으면 많은 가이드나 어린아이들이 다가와 가이드를 해 주겠다고 하는데 오늘은 너무 일찍 와서인지 아무도 보이질 않는다. 입장권 판매소에서 신분증을 달고 있는 가이드 한 명이 나타났다.

라리벨라에서 제일 유명한 교회

가이드와 200Birr로 흥정을 하였다. 우리가 라리벨라를 돌아볼 수 있는 시간이 3시간밖에 없으니, 복잡한 이곳에서는 가이드가 정말 중요하다.

가이드에게 우리가 3시간 동안만 다 돌아볼 수 있냐고 물어보니, "No Problem(문제없다)"이라고 대답을 한다. 아프리카에서 가장 불길한 대답이 'No Problem'이다. '문제없다'라는 의미 속에는 '네가 던진 질문은 잘되든 잘못되든, 너에게는 아무런 문제가 없을 아주 사소한 문제라고 나는 생각한다'는 깊은 뜻이 담겨 있기 때문이다.

교회 안으로 들어가니 많은 현지인들이 미사를 보고 나오고 있었다. 가이드를 따라서 동굴로 들어가니 교회가 나타났다. 한 개의 커다란 바위산에 돌을 깎아서 만든 교회이기 때문에, 교회마다 독특한 특색을 가지고 있다. 가이드를 데리고 오지 않았다면, 교회마다의 차이를 전혀 알지 못했을 것 같았다. 각 교회들은 암석 사이에 만들어져 있어서 다른 교회로 넘어가는 길이 미로와 같이 꼬불꼬불하여서 간 곳을 계속 헤매고 다닐 만큼 아주 복잡하였다. 총 11개의 교회가 있는데, 가이드 없이는 전부 다 볼 수도 없을 것 같았다.

중간 중간에 설명을 듣고, 사진이 잘 나오는 자리에서 사진을 찍고 바쁘게 움직였다. 십자가가 선명하게 나오는 제일 유명한 교회에서도 사진을 찍었다. 에티오피아를 홍보하는 포스터에서 이 십자가교회를 여러 곳에서 보았는데 직접 와 보니 감회가 새로웠다. 이 모든 교회를 사람의 손으로 만들었다는 것이 믿기지 않았다(가이드에 의하면 이 건축물은 3일 동안 천사들에 의해서 만들어졌다고 한다).

워낙 교회들이 붙어 있고 문화재들이 많이 있어서, 정말 바쁘게 움직였는데도 교회를 다 보고 나니 2시간이나 지났다. 가이드가 북쪽 교회는 다 보았는데, 남쪽에 있는 교회를 가겠냐고 물어본다. 3시간보다 초과는 하겠지만, 교회를 돌아볼수록 점점 흥미가 생겨서 남쪽 교회도 가기로 결정했다. 여행책자에서 랜턴을 준비하라고 해서 사 왔는데 이것을 언제 사용하냐고 물어보니 좀 더 기다리라고 하였다.

남쪽 교회는 사람들이 없어서 한산했다. 중간에 동굴이 나왔는데, 들어가니 완전히 깜깜해져서 전혀 빛을 찾아볼 수가 없었다. 동굴의 길이는 30m 이상은 되었기 때문에 여행책자에서 랜턴이 필요하다고 한 것 같았다. 나는 유명한 북쪽 교회군보다는 남쪽 교회군이 더 마음에 들었다. 특히 직선 형태로 만들어진 한 교회는 아주 인상적이었다. 남쪽 교회군을 다 돌아보는 데 약 1시간 40분이 더 걸렸다. 남쪽 교회군에서 돌아오는 길에, 성직자들이 사는 거주 공간도 지나왔다. 성직자가 거주하는 곳에는 정말 조그마한 문 하나만 있었다.

교회들을 다 돌아보는 데 거의 4시간이 걸렸다. 생각보다 한 시간이 더 소요되었다. 빨리 돌아가야 안전하게 귀가할 수 있기 때문에 서둘러 출발하기로 했다. 가이드에게는 가이드비 200Birr와 팁 10Birr를 주니, 주변에 있는 아이들이 랜턴을 가이드에게 주라고 한다. 랜턴이 필요하지는 않아서 주긴 했지만, 가이드가 부추긴 것인지 주변에 있는 모든 사람이 랜턴을 가이드에게 주라고 하니 조금은 당황스러웠다. 차가 주차되어 있는 곳으로 돌아가니, 차를 지키고 있었다는 사람이 나타났다(우리가 차를 주차할 때는 이 사람은 이곳에 있지도 않았고, 차를 지켜 달라고 부탁한 적도 없었다). 정말 차를 지키고 있었는지 모르지만, 차의 주변을 서성인 것 같은데, 그냥 5Birr를 주었다.

이제 라리벨라 관광을 마치고, 메켈레로 간다. 돌아가는 길은 우리가 왔던 산길이 아닌 좀 멀지만 포장도로로 가기로 했다.

안쪽으로 보이는 교회 모습

교회에 붙어 있는 간판

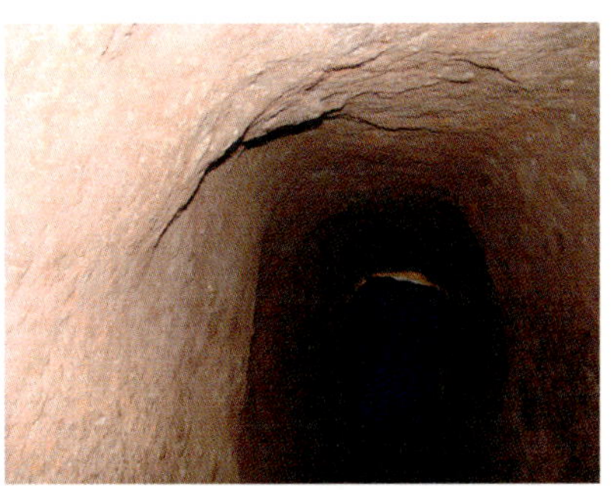

교회로 들어가는 동굴
(실제로는 완전히 깜깜했다)

현지인들이 라리벨라 교회에 가고 있다
(교회에 지붕을 설치해서 세계 문화 유산을 보호하고 있다)

교회 옆면

또 다른 교회 모습

십자가가 나오는 부분이 유명한 부분이다

교회의 통로(조그마한 동굴로 이어져 있다)

남쪽 교회군

완벽하게 일자로 만든 교회(시대마다 교회를 만드는 양식이 다른 것 같았다)

성직자들이 거주하는 곳이다.

라리벨라에서 돌아오는 길

라리벨라에서 출발해서 메켈레로 돌아가는 포장도로는 남쪽으로 내려가서 다시 북쪽으로 올라가야 했기 때문에 거리가 훨씬 멀었다. 라리벨라에서 남쪽으로 내려가니 사탕수수를 팔고 있었다. 운전기사가 이곳에 온 기념으로 사탕수수를 사 가지고 가고 싶다면서 차를 세웠다. 운전기사가 사탕수수를 파는 사람과 흥정을 시작하더니, 사탕수수줄기 한 묶음을 짐칸에 실었다. 메켈레는 북쪽 지방이라서 사탕수수가 없기 때문에, 남쪽 지방에 온 기념으로 사탕수수를 사 간다고 한다.

중간쯤의 도시에서 늦은 점심을 먹었다. 이 도시에도 사탕

돌아오는 길(비가 오고 햇빛이 나니
아지랑이가 피어올랐다)

수수를 파는 사람들이 있었다. 산지에서 좀 떨어진 도시로 오니 그 전보다는 가격이 비싸졌지만, 만약 메켈레에 가면 훨씬 비싸질 것 같아서 사무실 사람의 수만큼 사탕수수를 샀다.

점심을 먹고 티그라이주 입구도 도착하지 않았는데, 6시가 지나자 점점 어두워지면서 비가 내리기 시작했다. 운전기사가 잘 아는 길이었기 때문에 저녁시간에 움직이는 것이 많이 위험하지는 않았다.

도착 두 시간을 남겨 놓고 타이어 펑크가 났다. 타이어를 교체하는 시간은 오래 걸리지 않았지만, 갑자기 내린 비로 운전기사의 옷이 다 젖어 버렸다. 요즘은 우기라서 그런지 중간 중간에 비가 많이 내린다. 물론 다니기는 불편하지만, 전기 사정과 물가 사정이 좋아지니 비라도 많이 내렸으면 좋겠다.

호텔에 도착하니 거의 8시 30분이 되었다. 호텔에 돌아와서 샤워를 하고 늦은 점심 겸 저녁을 먹었다. 막상 에티오피아에서 마지막 주말 여행이 이것으로 끝났다고 생각하니 좀 섭섭했다.

사탕수수를 파는 사람들

돌아오는 길에 농사를 짓는 사람들

중국업체의 아프리카 진출은 놀랄 만하다. 우선 인구가 많기 때문이기도 하지만, 대부분 중국 국영기업들이 진출하기 때문에 전략적으로 진출을 한다. 중국사람을 아프리카에 뿌리 내리게 하고, 상권을 확보함으로써 중국의 여러 가지 정책에 도움이 된다. 각종 광산이나 무역 등에 관여함으로써 중국의 수입과 수출에 많은 도움을 된다.

에티오피아에는 우리나라 건설기업인 경남기업이 있지만, 경남기업은 관리직원만 한국사람이고, 나머지는 대부분 현지인이다. 하지만 중국업체는 중기운전사부터

현지 도로공사를 하기 위한 중국업체의 간판

중국업체의 도로 건설현장 모습들

각종 기술자들까지 대부분 중국사람들이 일하고 있다. 이렇게 중국의 아프리카 진출 방식과 우리나라의 아프리카 진출 방식은 사뭇 차이가 난다. 점점 중국인이 아프리카 경제를 잡으면서 우리에게 위협이 되고 있다.

지금 여러 아프리카 국가들에서는 중국의 진출을 반기고 있지만, 최근에는 경계의 목소리를 높이는 나라들도 하나씩 생기고 있다고 한다.

십 년 뒤에 아프리카에서 중국이 어떤 자리를 잡고 있을까……

사진관에 다녀왔다. 내가 필요한 사진과 라리벨라에서 찍은 운전기사 사진을 인화해 주기로 했다. 사진관에서 내부 모습을 사진 찍었다. 메켈레에 있는 사진관에서는 아직 필름 카메라를 주로 사용하고 있다. 사

진 파일을 인화도 해 주지만, 아직까지 디지털카메라가 많이 보급되지는 않아서 필름 사진을 인화하는 것이 대부분이다. 아마 몇 년이 지나면 이곳도 디지털로 넘어갈 것이다. 사진관에서 디지털카메라의 사진을 인화하는 가격은 한 장당 2.5Birr(250원)이었다. 2개월 전에 디지털 사진을 인화했을 때는 한 장당 3Birr였는데, 오히려 가격이 떨어졌다.

메켈레에 있는 사진관의 모습은 아디스아바바만큼은 아니지만, 이곳에서는 가장 큰 곳이기 때문에 이 도시의 다른 사진관보다는 화려하다. 사람들이 자기 사진을 많이 가지지 있지 않아서, 사진을 아주 좋아하는 것 같았다. 상품 진열대에는 필름이 쌓여 있고, 아주 저렴한 필름카메라와, 상표를 도용한 것 같은 'SOMY' 건전지도 있다(SONY가 아니다).

사진을 맡기러 갔는데, 내 카메라 메모리에서 컴퓨터 파일을 받을 때 바이러스 검사를 한다. 컴퓨터 바이러스 프로그램은 있어도 업데이트가 잘 하지 않아서, 바이러스에 취약하기 때문에 메모리 검사를 철저히 하는 것 같았다.

인화가 언제 끝나냐고 물어보니 30분 정도 걸린다고 해서, 사진관에서 기다리기로 했다. 그런데 중간에 정전이 되어 버렸다. 정전이 되자 컴퓨터를 제외한 모든 기계들이 꺼졌다. 직원이 발전기를 켜고 바쁘게 움직이는데, 다시 얼마나 기다려야 되냐고 물어보니 30분은 더 기다려야 된다고 한다. 정전이 되어서 다시 장비를 예열하고 하는 시간이 걸리는 것 같았다. 사진관과 같이 전기가 중요한 곳에서는 요즘과 같이 정전이 많이 될 때에는 운영 비용이 더 많이 들 것 같다. 사진을 인화하려면 시간이 좀 더 걸릴 것 같아서, 다른 일을 보다가 다시 사진관에 가기로 했다.

디지털 사진을 인화하는 기계

필름사진을 인화하는 기계

액자 같은 물건을 팔고 있다.

필름을 팔고 있는 모습

어제 비와 함께 우박이 내렸다. 차를 타고 가고 있었는데, 처음에는 크기가 별로 크지 않아서 소리가 작았는데, 심하게 내릴 때는 약 1센티미터 이상 되는 크기의 우박이 내려서 차의 유리창이 깨지는 게 아닌지 걱정이 될 정도였다. 한국에서도 잘 보지 못했던 우박인데 아

나무 밑에 남아 있는 우박 덩어리

프리카에서 보게 되다니, 이렇게 내린 우박 덩어리는 그늘진 곳에 남아서 하루가 지나도 전혀 녹지가 않는다. 한낮에는 햇볕이 내리쬐고 있어도, 우박이 뭉쳐져 있어서 며칠 동안은 남아 있을 것 같다. 아프리

카에서 우박이 내려서 이 덩어리가 며칠 동안 남아 있었다고 한다면 누가 믿을 수 있을까란 생각이 들었다.

호텔 정원에 남아 있는 우박 덩어리들

자동차 부품 가게에 다녀왔다. 한국으로 돌아가기 전에 내가 마무리를 할 수 있는 것을 다 하려고 하니, 이것저것 해야 할 일이 많았다.

메켈레에 있는 가장 큰 자동차 부품 가게로 갔다. 이층가게였는데, 간판에 미쯔비씨와 비

자동차 부품상 가게

슷한 마크가 그려져 있는 이층가게였는데, 다양한 부품들을 팔고 있었다. 현대자동차의 오일필터, IVECO 필터 같은 물건들도 있었다. 대부분 화물차 중심의 부품들이었다.

자동차 바닥에 깔 수 있는 발판을 사러 갔는데, 비닐로 되어 품질도

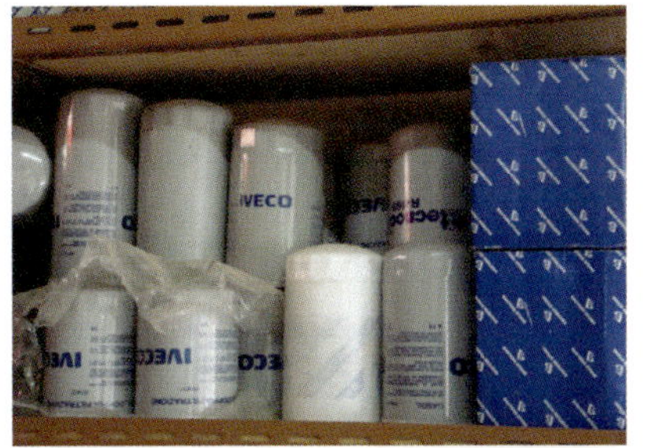

자동차 부품상에 있는 부품과 내부

좋지 않아 보이는데 250Birr (25,000원)이나 한다. 다른 것을 보여 달라고 해도 다른 것은 없다고 한다. 물건을 살지 말지를 결정해야 하는데, 일단 발판은 필요하기 때문에 어쩔 수 없이 샀다.

다양한 차량의 부품들이 있지만, 수입되는 차도 워낙 다양해서 아마 에티오피아에서는 부품을 구하기가 쉽지 않을 것 같다. 한국에서도 수입차 부품을 구하기 어려운데 교통이 더 불편한 메켈레에서는 더욱 부품 구하기가 어려울 것 같다.

오늘은 네 달 동안 있었던 메켈레에서 철수를 한다. 집으로 돌아간다는 마음에 새벽부터 마음이 붕 떠 있다. 챙겨 놓은 가방을 보면서, 이제 정말 집에 가는 것이 실감났다. 4개월 동안 가족과 떨어져 이 외딴 곳에서 살았던 스스로가 대견스럽기까지 하다.

내가 출발할 때 가지고 갈 트렁크와 가방들

내가 4개월 동안 사용하던 라면포트나 전기장판 등 부피가 있는 물건은 대부분 메켈레에 두고 출발한다. 모든 물건을 들고 갈 수도 없고, 이 프로젝트에 올 다음 전문가를 위해서 두고 가기로 했다.

내가 매일 아침에 책을 보고,
일기를 적었던 내 책상

내가 입고 해어진 옷들과 양말 같은 것은 분류를 해서 한곳에 쌓아 두었다. 나는 필요가 없어서 버리지만 아마 이곳의 청소하는 사람들은 다시 재활용할 것이다. 또 각종 잡다한 물건들을 버리니, 버리는 물건만 무더기로 쌓였다. 4개월 동안 혹시 쓸 곳이 있을까 생각하고 모아 둔, 별 쓸데없는 물건들이 산더미처럼 버려졌다.

처음 이곳에 와서 4개월을 근무해야 된다고 생각할 때는 막막했었는데, 막상 4개월이 다 지나갔다고 생각하니 가슴 한편이 텅 빈 듯했다. 일 년의 3분의 1을 가족과 떨어져 살았다는 사실이 걸리긴 하지만 이 4개월이란 기간이 나의 긴 인생에 많은 도움이 되었으면 한다. 내가 해야 할 일들은 끝이 났는데, 앞으로 올 전문가들이 계속해서 잘 진행해서 프로젝트가 성공적으로 끝나기를 기원한다.

비행기를 타기 위해서 공항에 6시 30분까지는 가야 하니까, 이제 빨리 챙겨서 나가야겠다. 돌아갈 때의 발걸음은 정말 가볍다.

프로펠러 비행기 타기

메켈레 공항에 도착하니 평상시와는 달리 8시가 넘었는데도 발권을 하지 않는다. 한국으로 돌아가기 위해 아디스아바바로 내려가는 것인데, 발권을 하지 않으니 불안하다. 보통 아침 일찍부터 발권을 하는데, 오늘은 좀 이상하다는 생각이 들었다. 오늘도 연착하는구나 생각하고 있는데, 비행 일정을 알리는 하얀 칠판에 새로운 일정이 공지되었다. 오늘은 아침과 저녁에 2편이 있는 날인데, 오후에 한 편이 추가되면서 총 3편의 비행기가 메켈레로 들어온다고 적혀 있었다. 그리고 제트기인 737이 운행을 하는 것이 아니고, F−50이란 비행기로 변경되었다고 표시되어 있었다. 짐작이지만, 737 제트기가 문제가 생겨서 F−50 프로펠러 비행기가 2편으로 나누어서 운항하는 것 같았다. 어찌됐던 아디스아바바로 갈 수 있으니 다행이다. 발권이 시작되었다. 나는 아침 비행기로 갈 수 있도록 되어 있었다. 이 비행기가 아니면 오후까지 공항

에서 기다려야 하는데 다행이다.

프로펠러 비행기는 한 줄에 4개의 좌석이 있었고, 생각보다 작지는 않았다. 단 좀 오래된 비행기라는 것을 각종 플라스틱 제품과 내장제를 보니 바로 알 수가 있었다. 나는 프로펠러 바로 옆에 있는 좌석에 앉았는데, 비행기를 타고 가는 동안 너무나 시끄러웠다. 좌석도 지정해 주지 않아서 앉고 싶은 곳에 앉을 수 있었는데, 뒷좌석에 앉을 걸 생각했다. 다음에 프로펠러 비행기를 탈 기회가 있다면 프로펠러 근처에는 앉지 않을 것이다. 프로펠러 비행기는 제트기보다 속도가 느린지 평상시보다 10분이 더 걸렸지만, 안전하게 아디스아바바에 도착하였다.

프로펠러 비행기 모습

커피를 사러 가자 — 토모카

에티오피아에서 가장 사기 좋은 선물은 커피이다. 몇몇 사람에게 어디서 사야 하는지 물어보니, 전부 다 토모카(TOMOKA)를 추천해 주었다. 해외에서 가지고 오는 귀국 선물은 가볍고 부담 없는 특산물이 좋은데, 커피는 이 모든 것을 만족시키는 좋은 선물이다.

아디스아바바에서 운전기사에게 토모카를 물어보니 크지는 않은데 유명한 집이라고 이야기한다. 토모카에 도착하니 조그마한 건물 구석에 간판만 하나 달고 있는, 입구가 아주 작은 집이었다. 서서 커피를 마시는 곳도 있고, 여러 종류의 다

토모카 외부 모습

양한 커피를 팔고 있었다. 한쪽에서는 커피를 로스팅하는 공간이 있고, 그곳에 분쇄기계와 포장하는 기계를 다 두고 있었다.

　가게는 작았지만, 포장을 하는 것은 아주 깔끔하게 해 주는 것 같았다. 갈지 않은 커피빈을 사려고 했는데, 갈아서 넣어 놓은 것밖에 없다고 해서 갈아서 포장된 것을 사 왔다. 커피를 20여 개 사고 나니 가방의 부피가 엄청나게 커졌다.

　토모카 앞에서 사진을 한 장 찍고 호텔로 다시 돌아왔다.

토모카 내부 모습

토모카 커피 로스팅 기계와 분쇄기가 있는 곳 모습

각종 차와 커피관련 제품을 판매하고 있다

에티오피아를 떠나면서, 비행기 안에서 마지막으로 글을 마무리한다. 출발할 때의 기분과 돌아갈 때의 기분은 완전히 다르다.

처음, 일 때문에 일 년의 3분의 1을 혼자서 이 외딴곳에서 지내기 위해서 오는 심정이 좋지는 않았다. 그렇지만 돌아가는 길에는 많은 아쉬움이 남는다. 프로젝트를 위해 열심히 일하고 노력했지만, 항상 무언가 아쉬움이 남는다.

열심히 하고 내가 가지고 있는 지식과 경험을 다 이곳에 쏟았다고 판단하지만, 내가 이 나라를 완벽하게 알지 못하고 있는 상태에서 나의 한국의 경험과 지식으로만 일을 하지 않았나 하는 질문을 스스로에게 해 보기도 한다.

항상 나의 입장에서 아니, 받는 사람의 입장에서 일을 해야 하는데, 일을 할 때는 항상 나의 입장에서 한다.

마지막으로 나와 함께 일한 사람들에게 기술자로서 최선을 다한 사람으로 나를 기억하기를 기원한다.

기품 있고, 정이 넘치는 에티오피아의 티그라이 사람들을 잊지 못할 것이다.

아디스아바바 대학 본관

아디스아바바 대학의 모습.
아디스아바바 대학은 황제가 살던 궁궐을 대학으로 바꾸어 버렸다고 한다.

손주형

1970년에 부산에서 태어나, 1994년에 처음 나가 본 미국을 시작으로 일본, 필리핀, 중국 등을 여행하였다.

1996년 한국농어촌공사에 들어가서 지하수와 환경에 관련된 일을 하게 되었다.

2007년부터 탄자니아를 시작으로 해외에서 식수와 관련된 일을 하면서 해외근무가 시작되었다.

해외 근무를 하면서, 가는 국가마다 보고 느낀 것을 적고 있다.

현재까지 탄자니아, 캄보디아, 에티오피아, 케냐에서 근무를 하였고, 기회가 되어서 가 본 국가들은 콩고민주공화국, 가나, 남아프리카공화국, 라오스, 인도네시아이다.

앞으로 몇 개의 나라에 더 나가게 될지 모르지만, 세계는 넓고 가 보지 못한 나라는 너무 많다.

Special Thanks

에티오피아에서 많은 도움을 주셨던 한국국제협력단의 김태영 소장님, 장우찬 부소장님, 한국농어촌공사의 차운철 차장님, 박재홍 차장님, 허건 차장님, 그리고 이동길 집사님, 종민 씨, 준수 씨, 은철 씨께 특별한 감사의 말씀을 드립니다.

에티오피아, 천 년 제국에 스며들다

4개월의 에티오피아

초 판 인 쇄 | 2010년 11월 26일
초 판 발 행 | 2010년 11월 26일

지 은 이 | 손주형
펴 낸 이 | 채종준
펴 낸 곳 | 한국학술정보㈜
주   소 | 경기도 파주시 교하읍 문발리 파주출판문화정보산업단지 513-5
전   화 | 031) 908-3181(대표)
팩   스 | 031) 908-3189
홈 페 이 지 | http://ebook.kstudy.com
E - m a i l | 출판사업부 publish@kstudy.com
등   록 | 제일산-115호(2000. 6. 19)

ISBN   978-89-268-1705-6 03330 (Paper Book)
          978-89-268-1706-3 08330 (e-Book)

이담 Books 는 한국학술정보(주)의 지식실용서 브랜드입니다.